曽我量深　生涯と思想

真宗大谷派教学研究所編

東本願寺出版

曽我量深肖像（油絵、高光一也画、1962年、大谷大学蔵）

浩々洞同人（淨恩寺蔵）

『曽我量深論集』全５冊

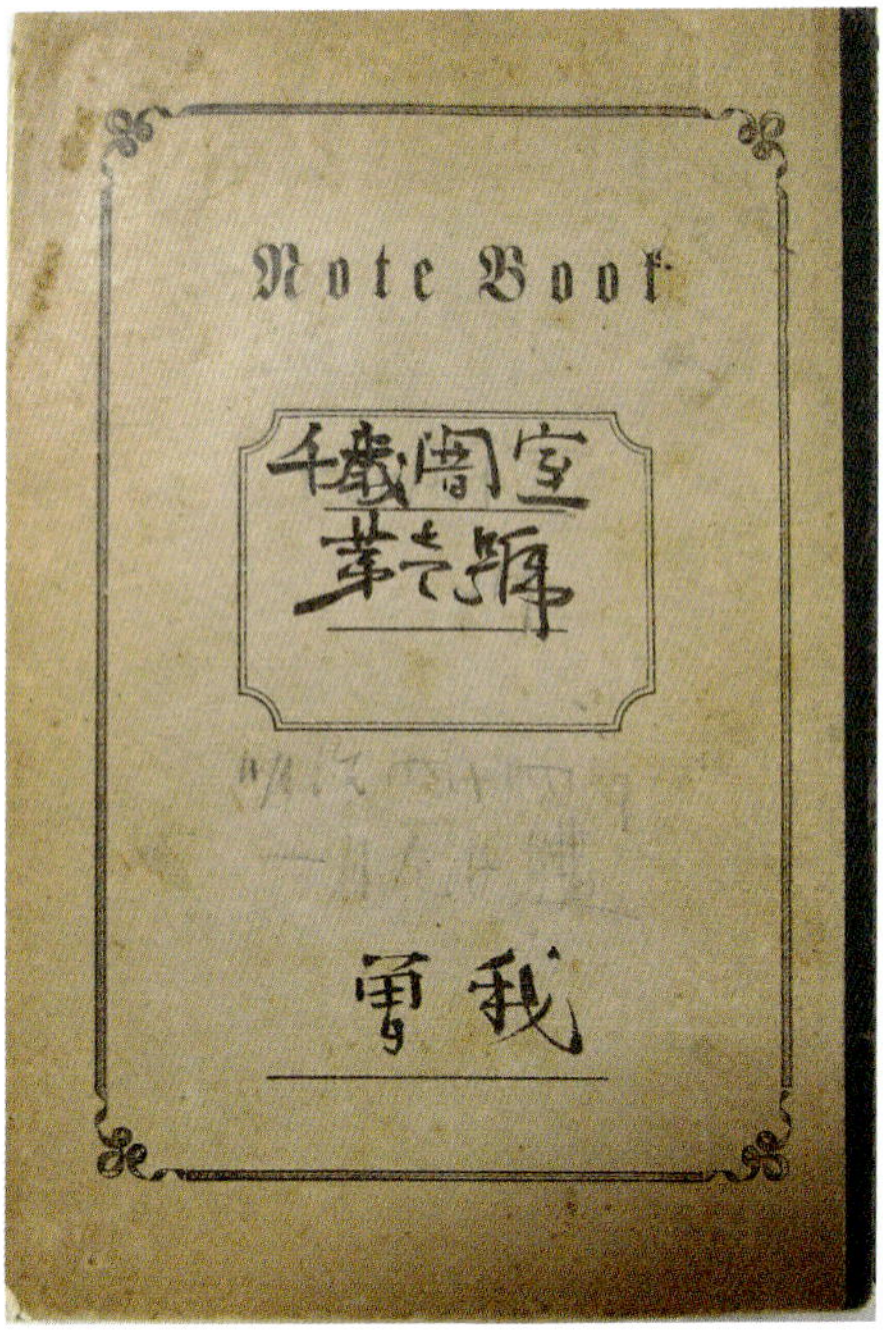

明治44年自筆ノート「千歳闇室　第壱号」
（淨恩寺蔵）

曽我量深喜寿記念写真（円徳寺蔵）

曽我量深揮毫（願正寺蔵）

曽我量深　生涯と思想　目次

凡　例

一、本書中にある引用文の表記の原則は以下の通り。
1　読者の便を考えて、漢字は基本的に常用漢字に統一した。
2　底本における歴史的仮名遣いは現代仮名遣いに改めた。
3　底本における圏点、ふりがな、傍線などは略した。
4　濁点は適宜これを補った。
5　底本における明らかな誤りは適宜これを改めた。
6　編集者による注記は〔　〕にして表記した。
二、読者の便を考え、適宜ルビを付した。
三、読者の便を考え、難解な語句になどについて頭注を付した。なお、『真宗聖典』は東本願寺出版『真宗聖典〔第二版〕』（二〇二四年発行）に拠り、初版の頁数を丸括弧内に併記した。
四、引用文中には今日から見れば、人権等の見地より問題となる表現があるが、記された当時の時代背景を表すものとして、そのまま示している。
五、主な典拠については以下のように略記し、それぞれ巻数と頁数を表記した。
『選集』……『曽我量深選集』（全十二巻、彌生書房）
『講義集』……『曽我量深講義集』（全十五巻、彌生書房）
『説教集』……『曽我量深説教集』（全十巻、法藏館）
『随聞記』……『曽我量深説教随聞記』（全四巻、法藏館）
『講話集』……『曽我量深先生講話集』（全五巻、月愛苑）
『講話録』……『曽我量深講話録』（全五巻、大法輪閣）

第一章　誕生から真宗大学での学び

九月五日　戸籍上は同年三月二十日生まれとなっている。

生家・円徳寺（二〇二二年六月撮影）

第一節　故郷新潟と幼少期

曽《そ》我《が》量深《りょうじん》（以下、量深）は、一八七五（明治八）年九月五日、新潟県西蒲原《にしかんばら》郡味方《あじかた》村（現・新潟市南区味方）の真宗大谷派円徳寺に、父富岡量導、母タツの三男として誕生しました。長男は死産であったため、実際には兄一人と、多くの弟妹とともに育ちました。曽我姓は、後に新潟県南蒲原郡新潟村（現・見附《みつけ》市）指出《さしで》の淨恩寺・曽我慧南の養子に迎えられたことにより改姓したものです。

故郷の新潟（越後）は、宗祖親鸞聖人の配流の地です。同じ味方村出身で医学者の平澤興《ひらさわこう》は、「親鸞聖人の島流しは、たしかにわたしどもの郷里味方村においても、その土に、その水に、その空気に何ものにも換え難い尊いものを与え、すべての村人は拝むことを教えられ、喜ぶことを教えられた」[1]と、郷里の雰囲気を語っています。その地に生まれたことについて、同じく新潟出身の金子大榮《かねこだいえい》に宛てた手紙の中で量深は次のように記しています。

逆竹　越後七不思議の一つ。新潟市の西方寺に現存する、枝が下向きに生えた竹。親鸞聖人が竹杖を逆さに土に挿したものに根が生えたという伝承に由来する。

大兄よ　我等何の因縁か現に祖聖《そしょう》の配所真宗の故郷に生まれたり
浄土真宗は配所に生まれたり　逆縁《ぎゃくえん》に生まれたり　逆竹《さかさだけ》は逆縁興宗の表示也（中略）
惟《おも》うに我々は七百年前の南北の悪僧乎《か》　今は何の因縁か　祖聖配流《はいる》の霊地に生まれ親しくその実語を聞く　噫《ああ》弘誓強縁《ごうえん》との御言胸にせまるではありませぬ乎[2]

浄土真宗は、宗祖親鸞聖人の配流（流罪）という逆縁によって興りました。その配流の地に生まれ、親鸞聖人の教えを聞くことになった強縁に、量深は深く思いを致しています。事実、量深の生涯は、多くの逆縁によって荘厳され、その思索は磨き上げられていくこととなりました。

また、量深は、別の所では郷里越後を次のようにも語っています。

「石を枕、雪を褥《しとね》に」私は祖聖を想う時に、いつもこの文句を想い出さずに居られぬ。あの郷里の大吹雪の夜、私はあたたかな母の懐に抱かれながら、夢幻のような、無邪気な心に印せられた語であった。まことに雪はわが郷里北越の徴象〔象徴〕であり、わが亡き

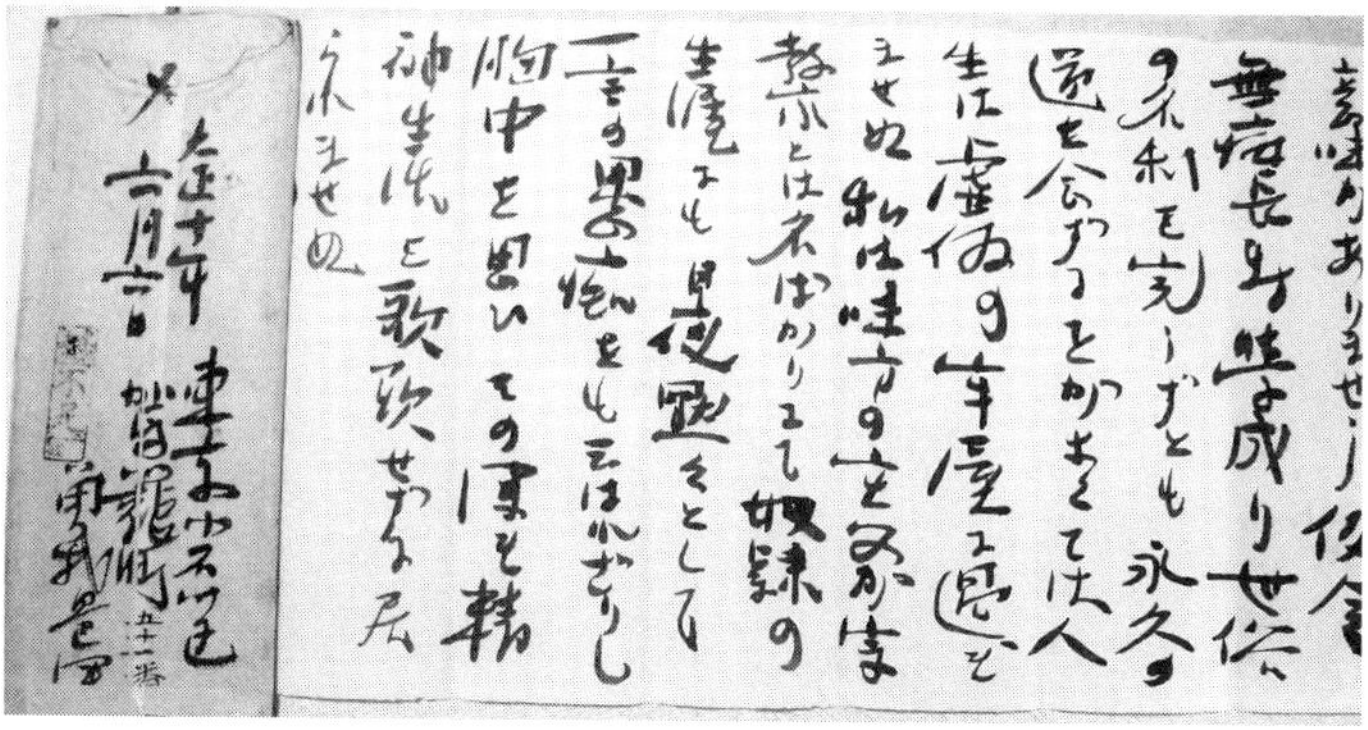

一九二一年六月六日付・浄恩寺宛封書（浄恩寺蔵）

母の徴象であり、特にわが祖聖の徴象である。私はこの雪を想う時、祖聖と、亡き母と、而《しか》して天真無我の自己とが、全くとろけ合うて雪の郷土を荘厳するのである。(3)

雪の吹雪く新潟。その雪が量深の原風景であり、幼児の頃の母に抱かれた思い出であり、親鸞聖人の象徴なのでした。

生家円徳寺は、本坊である円性寺の前に建つ小坊で、父・量導はその本坊の寺務に携わっていました。量深は父の生涯を次のように回顧しています。

実父の一生は　要之《ようするに》　量深が生涯の背景であります（中略）宗教家とは名ばかりにて　奴隷の生涯にも日夜黙々として一言の愚痴をも云われざりし胸中を思い　その深き精神生活を歌歎せずに居られませぬ(4)

このような、愚痴を言わずに黙々と寺務を勤める父の姿を見ながら、量深は成長していきました。

一八八一（明治十四）年、量深は数え年七歳の時に、兄と共に村の味方小学校に入学します。成績は非常に優秀であったらしく、飛び級となり、当時文部大臣であった森有礼《もりありのり》から賞典として『孝経』が与えられました。「そういうようなことで村中の人から可愛がられ、又尊ばれ、又親しまれて子供の時から大変幸福な日暮しをすることが出来るようになった」(5)とは、往時を振り返る最晩年の言葉です。味方村村長であった木村晋は「青年時代までお過しになった郷里の様子を実にはっきりと覚えていられ、思い出話がそれからそれへとつきない有様でした。それほどふるさとおもいの先生だった」(6)と語っています。村人に親しまれた量深に対し、母タツは貧しい農村の人々を救うような人が現れることを願い、「お坊さんは人間を救う尊い人である」といって、仏教の勉強を一所懸命するようにいつも語りかけていました。(7)そして一八八五（明治十八）年四月、量深は得度をし、真宗大谷派僧侶となりました。

当時の逸話があります。小学校三年生の頃、新潟で屈指の僧侶であり、後に養父となる曽我慧南が、円徳寺の本坊である円性寺の冨岡教海を訪れました。気心の知れた二人でしたが、慧南から養子の話が出たのです。たまたま大勢の子どもが遊んでいました。そこで教海は、慧南に向かって「この中に量深という子がいる」と言いました。するとと慧南は、大勢の中からちゃんと量深少年を見つけたのでした。[8] 量深の俊敏さと共に、浄恩寺との関係が早くこの頃からできていたことを伝えています。

第二節　米北教校

一八八八（明治二十一）年、量深は南蒲原郡三条町（現・三条市）の真宗大谷派三条別院に設立されていた米北《べいほく》教校に進学します。米北教校は明治八年の布教学制改革の親諭（法主による訓示）によって各地に建てられた宗門の教育施設の一つでした。校名の「米北」とは、米山の北の意味です。両親は、優秀な我が子に十分な教育を受けさせるため、貧しい寺ながら所有していた田地を売却し、進学資金に充てたと伝えられています。

明治初期の大谷派の学校制度は、近代化が進むなか、目まぐるしく変化していきました。宗派の機関誌『本山報告』[9] によって当時の教校の制度を見ると、教校の修学年数は四年間、学科は宗乗《しゅうじょう》・余乗《よじょう》・倫理・

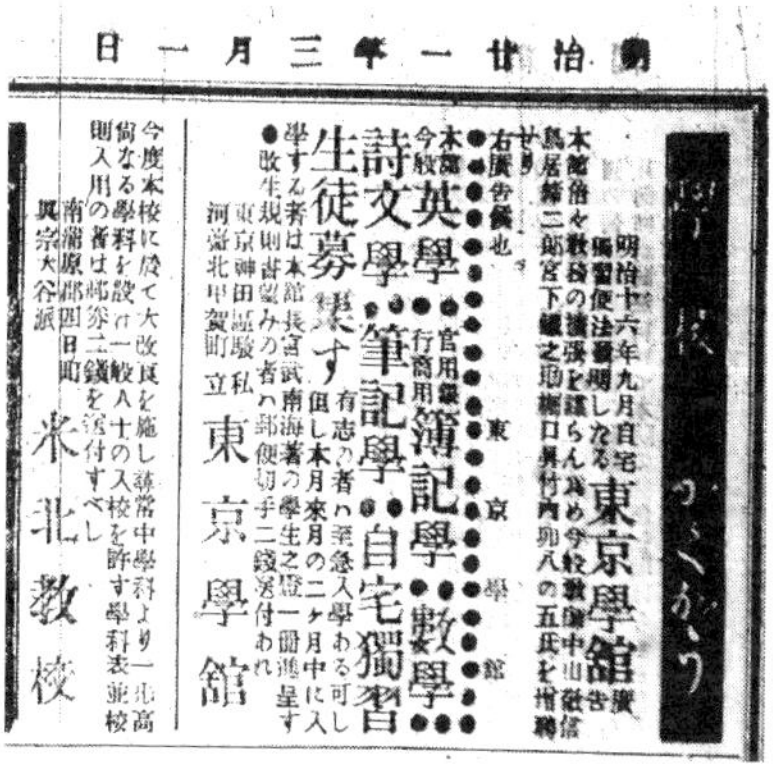

米北教校広告（『新潟新聞』一八八八年三月一日）

宗乗　自宗の教義のこと。
余乗　他宗の教義のこと。

国語漢文・英語・地理・歴史・博物生理・物理化学・数学・習字・図画・体操でした。このように僧侶としての仏教の学問だけでなく、普通学も広く教えられていました。

量深にとって当時の教師で忘れることが出来ない人物が、副校長の種《おい》田諦円《だたいえん》でした。宗乗・余乗の基礎知識はすべてこの種田から学び、それが後々の思索に繋がっていったといいます。また英語の教員として、若き血脇守之助《ちわきもりのすけ》が赴任してきました。血脇は、後の東京歯科大学の創設者の一人であり、また野口英世《のぐちひでよ》を支援した人物としても知られています。この血脇の英語の授業も印象深いものであったと伝えられています。『本山報告』を披《ひら》くと、一八九〇（明治二十三）年の第二年生の及第者に「冨岡量深」の名があり、しかも「学業優等、品行端正」と記されています[10]。

こうして量深は、人生の基礎ともなる十代の学びを、この米北教校で受けました。後年、この時期を述懐して、「私がこうして話しておりますのはこれはすべて十代のものだ」[11]と語っていたと伝えられています。また、天親菩薩《てんじんぼさつ》の『唯識三十頌《ゆいしきさんじゅうじゅ》』とその注釈『成唯識論《じょうゆいしきろん》』について「それだけを自分は子供の時分から興味をもって折々読んで見て居るの

唯識　あらゆる存在はただ自己の識（心）にすぎないとする仏教思想の一つ。

であります[12]」と述べているように、後々に唯識思想を探究していく種は、この教校時代に蒔《ま》かれていたのかもしれません。

米北教校卒業証（曽我・平澤記念館蔵）

第三節　真宗大学寮

一八九二（明治二十五）年一月二十五日、米北教校を卒業[13]した量深は、その後の半年ほどは長岡の漢学塾で学びました。「詩人になりたい」という夢をもっていたと伝えられています。そして翌一八九三（明治二十六）年七月、本山・東本願寺のある京都に向けて出立します。生涯にわたる本山との関わりが、この時から本格的に始まっていくのです。

上洛した量深は、九月に真宗大学寮の専門別科二年に編入し、学問を研鑽《けんさん》していくことになりました。ところが、大谷派の学校制度は、翌一八九四（明治二十七）年の七月二日に大きく改変されます。この学制改変に伴い、専門別科は大谷尋常中学校と合併し、真宗第一中学寮第一部となりました。そこで量深は中学寮第一部五年へ編入となり、その翌一八九五（明治二十八）年七月に卒業しました[14]。そして同年九月、真宗大

安居　インドで雨期の間、定住して修学につとめる期間のこと。そこから東本願寺の学寮で行う集中講義を安居と称した。

学寮本科第一部に入学します。

この大学寮については、「派内の僧侶をして深く宗余乗等須要なる学科を研習せしめ、教導の重任を尽くすに足るべき智徳を養成するを目的とす」と当時の大谷派の条例に記されています。大学寮は本科第一部・第二部、そして現在の大学院に当たる研究科で構成され、それとは別に江戸時代以来の安居《あんご》が置かれました。そして本科第一部は「専《もっぱ》ら宗乗及其他《およびその》須要なる学科」を、本科第二部は「宗余乗を教授し、且《か》つ外国語に依りて哲学及近世科学の大綱其の他須要なる学科」を教授するとされています。(15)

本科第一部に入学した量深は、宗乗・余乗を専門に学びました。ただし、そこでの学びについては、最晩年に「真宗大学へ入ってみたら、あんまりようない学校やし、わしゃあまり勉強せんかった」という感想を述べていたとも伝えられます。(16)それでもやはり、「京都へ行って本願寺が建てている学校へ入れて貰うて（中略）仏法の教え、そういうものが何時《いつ》とはなしにわかって来て、そうして教えが身に付いた」(17)と語られるように、後に教導の重任を尽くしていくことになる智徳がここで養われていったのでした。

関根仁応（一八六八〜一九四三）
旧姓は草間。真宗大学主幹、真宗大谷派宗務総長、大谷大学長等を歴任。『関根仁応日誌』全八巻参照。

暁烏敏（一八七七〜一九五四）
清沢満之の寓居に多田鼎・佐々木月樵と共に身を寄せて浩々洞を結び、『精神界』を創刊。真宗大谷派宗務総長等を歴任。著書に『歎異抄講話』等。

多田鼎（一八七五〜一九三七）
浩々洞の創設メンバーであったが、大衆への伝道の使命感に突き動かされ、洞を離れて千葉教院を開設。著書に『正信偈講話』等。

佐々木月樵（一八七五〜一九二六）
旧姓は山田。浩々洞の創設メンバー。真宗大学教授、大谷大学長等を歴任。著書に『親鸞聖人伝』、『大乗仏教教理史』等。

大学寮の研究科には、同郷の先輩である関根仁応《せきねにんのう》（旧姓・草間）、同級の第一部に楠龍造《くすのきりゅうぞう》、第二部には近藤純悟《こんどうじゅんご》、また一学年下の第一部には安藤州一《あんどうしゅういち》、第二部には暁烏敏《あけがらすはや》・多田鼎《ただかなえ》・佐々木月樵《ささきげっしょう》など、その後も長く親交が続く人々がいました。教員についても、「私の崇拝し、いろいろ感化を受けた人に、池原雅寿《いけはらがじゅ》先生がいる」[18]と述懐しているように、新たな出会いがありました。

上洛以降、こうした多くの人々との出会いがありましたが、量深の生涯において最も決定的な出来事となったのは、最晩年まで師と仰ぎ続けることとなる清沢満之《きよざわまんし》（旧姓・徳永）との邂逅《かいこう》でした。そのことを次のように回想しています。

> わたしが清沢先生にはじめて邂逅したのは、明治二十六年真宗大学寮に入学した時でした。わたしはその時十八歳。それいらい清沢先生がおなくなりになる明治三十六年までの十年間、あらゆる面にわたって薫習されたようです。[19]

京都の学校には清沢満之の感化が広く行きわたっており、それを量深も様々に受けていきました。とはいえ、この初めての出会いから量深が清沢に直接師事していたというわけではありません。清沢との出会いについて、別の所では次のようにも語っています。

私が清沢先生の教えを受けたのは浩々洞《こうこうどう》に入ってから以後のことであって、本校〔中学寮〕在学中には先生に接したことはなかった。(20)

このなかにある浩々洞とは、一九〇〇〈明治三十三〉年、清沢満之を中心に共同生活の学場としていとなまれた私塾のことで、量深はこの場に一九〇三〈明治三十六〉年に入りました。京都に身を置いて以来、清沢の感化を受けつつも、自身の師として特別にその教えを仰ぐようになったのが浩々洞への入洞以降だということでしょう。

清沢満之〈西方寺蔵〉

第四節　清沢満之と大谷派寺務革新運動

清沢満之は、一八六三〈文久三〉年、尾張《おわり》藩の武士の家に生まれました。非常な向学心より得度をし、大谷派が設置した育英《いくえい》教校へ入学。さらに本山の命で東京大学へ留学し、宗教哲学を専攻します。

本山は京都府から京都府立尋常中学校の経営を依頼されました。そこで本山はその校長就任を清沢に打診すると、清沢は本山への恩を思って受諾、一八八八年七月に京都へ赴任します。その後、京都府立尋常中学校は京都府へ返還となりますが、大谷派宗門は大谷尋常中学校を一八九三年九月に開校させました。その校長には、清沢の東京大学時代の親友である沢柳《さわやなぎ》政《まさ》太郎《たろう》を招聘し、この沢柳を中心として先に述べた一八九四年の学校制度改正が行われたのです。

清沢は校長赴任の二年後、その職を友人の稲葉《いなば》昌丸《まさまる》と代わり、一教員として大学寮や中学校で教鞭をとりました。同時期、清沢はミニマム・ポッシブル（可能な限り最低限度の生活）と呼ばれる自戒制欲の修道生活を実践しました。食事などを極端に切り詰める生活のなか、一八九四年四月、清沢は当時不治の病とされていた結核と診断されます。そして六月、友人らの勧めで兵庫・垂水《たるみ》で療養することになりました。

学制の改正直後の一八九四年十月、この中学寮で学生ストライキが起こります。その結果、十二月に沢柳が解任されました。療養に専念して

育英教校　東本願寺が設立した英才教育機関。一八七五（明治八）年設立。

沢柳政太郎（一八六五〜一九二七）東京大学文学部哲学科で清沢と共に学んだ教育者。大谷尋常中学校長、大谷派教学部顧問、東北帝国大学総長、京都帝国大学総長等を歴任。成城小学校を創立。著書に『退耕録』等。

稲葉昌丸（一八六五〜一九四四）旧姓は沢辺。清沢満之らと共に教団革新運動を主導。真宗大谷派寺務総長、大谷大学長等を歴任。編著に『蓮如上人行実』等。

いた清沢でしたが、この宗門事情には非常に憤慨することになります。

一八九五（明治二十八）年四月、宗門では明治維新の兵乱（蛤《はまぐり》御門《ごもん》の変）によって焼失した本山両堂の再建が完了するとともに、長年抱えてきた多額の負債を償却《しょうきゃく》するという二大事業を実現させました。この両堂落成《らくせい》の後、七月に清沢たちは大谷派宗門に対して訴えを起こします。この時に有志十二人と連名で出した「建言」では、両堂再建と負債償却が成功したのだから、今後は「教学を以て寺務の方針[21]」とすべきとの訴えがなされています。この訴えを受けて、大谷派の宗政を担っていた執事の渥美契縁《あつみかいえん》は、寺務所の変革を行いました。

その一つが一八九六（明治二十九）年六月の学制変更です。この時の変更により、真宗大学寮は、江戸時代以来の学問法を受け継ぐ真宗高倉《たかくら》大学寮（安居・宗乗専攻院）と、国家の教育制度と整合性をとった真宗大学（本科第一部・第二部・研究科）とに分離されました[22]。そして量深は真宗大学本科第一部に籍を置くことになります。ただ、残念なことに、この時の分離が、後々まで続く禍根《かこん》を残すことになりました。後に量深は、一九六四（昭和三十九）年の大谷大学学長挨拶で、老学者たちが真宗高倉大学寮に宗乗専攻院を設置し、その思想がずっと続いていって、広く

執事　当時の東本願寺寺務機構における実質上の責任者。

渥美契縁（一八四〇〜一九〇六）真宗大谷派の執事、寺務総長等を歴任。教団の負債償却と東本願寺両堂再建を二大事業とする財政面に重きを置いた政策を展開。

楠龍造（一八七四～一九三三）
浩々洞創設期からの同人で『精神界』の編集にも携わる。真宗大学教授等を歴任。秋田県能代市の西光寺に入寺し和田姓となる。著書に『他力宗教論』、『龍樹の仏教観』等。

仏教や親鸞聖人の教えを学問の立場で純粋に研究しようとするものを阻んできた、と回顧しています。[23]

有志の訴えにより渥美は寺務所の変革を行いましたが、清沢たちはこれらを一時的な取り繕《つくろ》いだとして、さらなる改革のために立ち上がります。同年十月に洛東白川村《らくとうしらかわむら》（現・京都市左京区）に清沢とその同志の六人が集まり、教界時言社《きょうかいじげんしゃ》を設立。雑誌『教界時言』を発行して、改革運動の願いを広く門末に訴えていきました。彼らは、その拠点から「白川党」と呼ばれました。

この白川党の呼びかけに呼応して立ち上がったのが、真宗大学の学生たちでした。同年十一月、「真宗大学の学生起たずんば遂に大谷派を如何せん」という意気込みで、「我《わが》敬愛なる父兄同胞及び門信徒に訴う」と題された宣言書を出します。そこには研究科生十四名、本科生八十六名の計百名が連署しました。研究科の草間（関根）仁応や本科の楠龍造、そして暁烏敏、多田鼎、山田（佐々木）月樵などとともに、「冨岡量深」の名も記されました。[24] この学生の決起に対し、本山は所化（学生）の本分を失した行為があったとして、十一月十一日付でこの百名の退学処分に及びます。[25] 処分を予期していた学生一同は、仏前に詣でて「如来大

「大谷派事務革新全国委員および有志者」（一八九七年二月十九日　於知恩院門前）十一列目に量深（東本願寺出版蔵）

石川舜台（一八四二～一九三一）
真宗大谷派の寺務総長等を歴任。近

悲」の和讃を朗唱し、寄宿舎を引き払い、ますます運動の歩みを進めることとなりました[26]。

学生たちは遊説員《ゆうぜいいん》として全国に出張し、改革の願いを訴えました。これに応じて、全国各地の多くの人々が京都へ集まってきます。そして一八九七（明治三十）年二月、大谷派事務革新全国同盟会が結成され、十八日には数万人もの記名調印の請願書が法主に奉呈されることとなりました。翌日、各国委員有志および学生たちは、東大谷に参詣の後、知恩院山門前の石段に整列し記念写真を撮りました。その写真には量深の姿も写っています。

この革新運動のなか、宗政を担う人物が渥美契縁から石川舜台《いしかわしゅんたい》へと替わり、やがて三月十五日、請願の大筋が認められることとなりました。大谷派は、「従来の擅制（専制）主義を抛棄《ほうき》して立憲主義を採用[27]」することになったのです。

ただ、清沢をはじめとする革新運動の主唱者たちには気がかりがありました。それは、運動に非常なる協力を惜しまなかった学生たちの処遇についてです。この「緊急中之緊急なる学校問題[28]」についても、清沢たちは石川と交渉を行いました。同年四月、学生たちは大学に復学するこ代西欧社会の宗教事情や教育制度を吸収して教団の学制改革に努め、教師教校・育英教校等を開設。

立憲主義　制定された憲法に基づいて統治するという政治のあり方。

とになります。それに当たり、学生たちは長文の報告書を連名で作成しました。そこには量深の名前も記されました(29)。

学校に戻る学生たちに対し、主唱者たちは『教界時言』誌上でその協力を謝し、大変心のこもった以下の送別の辞を送ります。学生たちは、今後の自分たちに託された仕事の重大さを胸に刻んで、仏道の学びに励んでいくこととなるのでした。

嗚呼《ああ》、わが親愛なる旧真宗大中学の学生諸氏よ。今や諸氏再び学窓に入りて業に就かんとす。予輩《よはい》諸氏に負うところ頗《すこぶ》る多し。豈《あ》に一言の謝辞を寄するなくして可ならんや。（中略）諸氏の前途は遼遠にして責任は重大なり、諸氏　冀《こいねがわ》くは法の為に自愛せよ(30)。

注

(1) 「曽我量深先生を偲ぶ」、『説教集』月報一・六頁。
(2) 一九一三(大正二)年七月十一日付封書、『両眼人』三三二~三三四頁。
(3) 「自己の還相回向と聖教」、『選集』三・一五二頁。
(4) 一九二一(大正十)年六月六日付・浄恩寺宛封書(浄恩寺蔵)、『浄土仏教の思想』第一五巻、一三三頁。
(5) 『未来について』一二~一三頁。
(6) 「ふるさとおもいの先生」、『仰せをこうむりて』二四一頁。
(7) 中村了権「曽我量深　大地の人間」、『親鸞に生きる人間像』一一三~一一四頁。
(8) 木村晋「ふるさとおもいの先生」、『仰せをこうむりて』二四一頁。
(9) 『本山報告』第三二号(一八八八年二月十五日、告達第三号・宗制寺法第二編宗制第五章学規細則)。同第三七号(一八八八年七月十五日、教学部達第二号・教校規則)。
(10) 『本山報告』第五七号(一八九〇年三月十五日)。
(11) 『曽我量深研究誌　行信の道』第三輯・四四頁。
(12) 『選集』五・一五七頁。
(13) 『本山報告』第八〇号(一八九二年二月二十日)九頁。
(14) 『本山寺務報告』第二二号(一八九五年七月二十八日)一一頁。
(15) 『本山寺務報告』号外(一八九四年七月五日)五頁。
(16) 「曽我先生を語る」、『教化研究』第六六号、九四頁。
(17) 『未来について』一三頁。
(18) 「信仰の流れ」、『講義集』八・六五頁。
(19) 中村了権「曽我量深　大地の人間」、『親鸞に生きる人間像』一二〇頁。
(20) 「真宗中学寮時代の回顧」、『大谷中高等学校九十年史』三一六頁。
(21) 「建言」、『清沢満之全集』七・一七〇頁。
(22) 『本山事務報告』第三三号(一八九六年六月二十五日)一頁。
(23) 「大谷大学のあゆみ」、『大谷大学百年史〈資料篇〉』六〇〇頁。
(24) 『曽我量深伝資料(一)　真宗再興の歩み』一三頁。
(25) 『本山事務報告』第三八号(一八九六年十一月三十日)八~九頁。
(26) 『教界時言』第二号、三七~三八頁。
(27) 「立憲的宗政実施に対する当路者の用意如何」、『教界時言』第六号、一〇頁。
(28) 『清沢満之全集』九・一四六頁。
(29) 『曽我量深伝資料(一)　真宗再興の歩み』四九頁。
(30) 『教界時言』第六号、四〇~四一頁。

第二章　浩々洞と師・清沢満之

浄恩寺、現本堂（二〇一一年落慶、二〇二二年六月撮影）

第一節　雑誌『無尽燈』

量深は、一八九七（明治三十）年、新潟県南蒲原《かんばら》郡新潟村の浄恩寺へ入寺し、曽我慧南の長女敬《ケイ》と結婚、姓を曽我に改めました。(1) この浄恩寺について、量深は後に次のように語っています。

はじめ寺は長野にあったが、上杉謙信《うえすぎけんしん》にまねかれて高田に移り、それからこの地方をひらくために徳川のはじめころ今の新潟村へ来たのである。高田村に浄興寺という寺があるが、私の寺はその下寺で、浄興寺と共に長野から高田へ移ったわけである。それで寺も三百年からつづいており、現在は私の弟が住職になっているが十六代目にあたっている。（中略）そして門徒の人たちも寺に親しんで大事にしてくれるので、別に財産もなく、まずしい寺であるけれども、どうにか維持されている。(2)

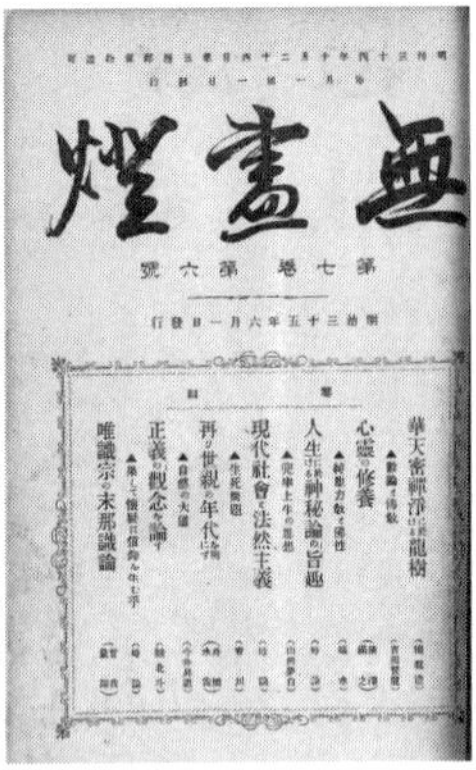

『無尽燈』第七巻第六号　表紙に量深と清沢の名が記されている。

一八九九（明治三十二）年七月十三日、量深は真宗大学本科第一部を卒業(3)、大谷派の学階である「学師補」の称号が授与されます。(4) そして研究院へと進学し、「唯識」を研究科目とすることになりました。(5)

そして、この頃より量深の思索《しさく》が公《おおやけ》の論考として発表されていくことになります。その主な発表の場が、『無尽燈《むじんとう》』という雑誌でした。「冨岡量深」「曽我量深」の名での論文だけでなく、「RS」「臨水《りんすい》」などの号をもちいた評論なども発表されています。

『無尽燈』は一八九五（明治二十八）年十一月二十日に、真宗大学寮等の有志により「教学の振策」(6)を目的として創刊されたものです。

一八九八（明治三十一）年四月、『無尽燈』では、蓮如上人の四百回忌に合わせた特集号が組まれました。御遠忌《ごえんき》に際し、『無尽燈』の同人たちは「真宗第二の再興が迫っているということを各自が痛感していた」(7)といいます。そして本号には「（蓮如）上人の真諦《しんたい》」が冨岡量深の名で掲載されました。本論文が、知られている限り、量深が公に発表した最初の論文になります。「抑々《そもそも》信仰の内容は熱誠《ねつじょう》なり。則《すなわち》弥陀に対するの熱誠なり」(8)「私心を去れ。談理を止めよ。思慮を去れ。直覚的に聞け。虚心なれ。熱心なれ。正直なれ。かくして余輩は、上人の御文《おふみ》を通じて弥陀の勅命《ちょくめい》を聞くを得ん」[9]という筆致には、若き量深の迸《ほとばし》るような熱意が感じられます。

また、量深自身の課題が表明されたものとして、同年に「真宗七祖の教系を論ず」[10]が発表されています。この論文は、不変常住である真理が、現実には変化と発達として現れるのだとして、教理の組織的・歴史的研究の必要性を訴えつつ、これを真宗の七祖に見ていこうとするものでした。ここで語られている歴史的研究は、いわゆる実証的な歴史研究とは異なりますが、歴史に対する若き量深の関心は、後々（一九三〇年代以降）に論じられることになる「仏教史観」の先駆けとして注目されるべきでしょう。また七祖の教系については、明治の終わり頃に真宗大学での講義における「七祖教系論」としてまとめられていきますが、その関心の萌芽はこの最初期の論文に見出されるのではないでしょうか。

さて、創刊時から『無尽燈』に論稿を発表していた一人が清沢満之《きよざわまんし》でした。量深によれば、『無尽燈』が出たということも「清沢先生を指導者」[11]としたものでした。そして、そこで青年学徒が要望していたのは、単に聖典を研究するということではなく、聖典が生み出されてくる根元を明らかにすることであったと述懐しています。

ただし、量深は単に清沢を指導者として仰いだのではありません。一九〇〇（明治三十三）年一・二月の『無尽燈』に発表された「弥陀及び名号の観念」という論文では、清沢満之を中心とする一派の問題点を指摘しています。[12] このように量深は、当初は清沢に対して一定の距離を保っており、さらに後には積極的に疑問・批判を投げかけていくのです。

第二節　真宗大学の東京移転開校

この頃、清沢満之を中心に、真宗大谷派では非常に大きな動きがありました。それが真宗大学の東京・巣鴨《すがも》への移転開校です。これは一八九九（明治三十二）年七月初頭に、当時宗門政治の中心にいた石川舜台《いしかわしゅんたい》による発案で、清沢満之とその同志の月見覚了《つきみかくりょう》・関根仁応《せきねにんのう》へ真宗大学の運営を依頼したことに始まります。清沢たちは、大学の東京移転などを条件に引き受けました。この東京移転案は、かつての寺務革新運動の際に退学処分になった学生の処遇を巡って提起されていたものでもありました。[13]

月見覚了（一八六四～一九二三）清沢らと共に教団革新運動を主導し、「手紙博士」と呼ばれる。真宗大学建築掛、同学主幹、真宗大谷派参務等を歴任。浩々洞にも創立時より関わる。

真宗大学本校前面（浄恩寺蔵）

そして一九〇一（明治三十四）年十月十三日、清沢を学監（現代でいう学長）、関根を主幹として真宗大学の東京移転開校式が行われます。それに伴い、量深も東京に身を置くこととなりました。

量深は「この日に真宗大学がはじめて清沢学長というものを迎えて、我が学園が宗と体とを完全にし、一つの立派な学園となったわけであります[14]」と述べ、学監清沢による東京・巣鴨での開校をもって、真宗大学の全き出発となったことを語っています。この大学の使命については、清沢による「真宗大学開校の辞」の有名な一節を挙げましょう。

本学は他の学校とは異りまして宗教学校なること殊《こと》に仏教の中に於《おい》て浄土真宗の学場であります　即《すなわ》ち我々が信奉する本願他力の宗義に基きまして我々に於て最大事件なる自己の信念の確立の上に其《その》信仰を他に伝える即ち自信教人信《じしんきょうにんしん》の誠《まこと》を尽すべき人物を養成するのが本学の特質であります[15]

当時の宗門は、新たに多額の借財が発覚し、財務整理の方針が発表[16]されるなど、「実に前途暗澹《あんたん》の景勢[17]」となっていました。そのような中で

「自信教人信の誠を尽すべき人物を養成する」という使命を掲げ、真宗大学は東京の地で出発したのでした。

第三節　「精神主義」

真宗大学の東京移転に先立ち、一九〇〇（明治三十三）年の秋に暁烏《あけがらす》敏《はや》・多田鼎《ただかなえ》・佐々木月樵《ささきげっしょう》の三人（三羽烏）は、清沢を慕って東京に集まり、共同生活での学びの場を始めます。その場は「浩々洞《こうこうどう》」と名付けられました。

一九〇一年一月、浩々洞から『精神界』という月刊雑誌が発刊されました。『精神界』は、仏教の専門用語をあまり使わず、一般人に仏教の真意を伝える雑誌を作りたいという願いに始まります。創刊号の巻頭には、清沢による社説「精神主義」が掲げられました。

吾人《ごじん》の世に在《あ》るや、必ず一の完全なる立脚地なかるべからず。若《も》し之《これ》なくして、世に処し、事を為《な》さむとするは、恰《あたか》も浮雲の上に立ちて技芸を演ぜんとするものの如く、其転覆を免《まぬが》るる能《あた》わざることと言を待たざるなり。然《しか》らば、吾人は如何《いか》にして処世の完全なる立脚地を獲得すべきや、蓋《けだ》し絶対無限者によるの外ある能わざるべし。（中略）而《しか》して此の如き立脚地を得たる精神の発達する条路、之を名けて精神主義と云《い》う。[18]

これ以降、清沢の思想は「精神主義」として称揚されていくことになります。そして雑誌『精神界』は、仏教界だけでなく、思想界一般に広く影響を与えていきました。量深は次のように回想しています。

世の中の、いわゆる年の若い、東京大学とか、あるいは高等師範学校、また慶応とか早稲田とか、そういうところにおる青年学徒、そういう人々に読んでもらおうと、この『精神界』で、精神主義という旗じるしを揚げた。（中略）清沢先生を指標として頂いておるところの『精神界』というものは、日本の国で第一流の出版物である。思想的にもやはり日本の思想界を指導する力をもっておったのである。[19]

また、大学の移転後である一九〇一年十一月以降、浩々洞では日曜日ごとに講演会を開き、一般の人びとに信仰を語っていきました。この場に足を運んでいた量深は、このことを清沢による「自信教人信」の実践と受け止めました。

一般の人の希望に応じて、清沢先生が浩々洞で日曜講話を開かれた。その日曜講話を「精神講話」と名づけていた。その精神講話という形でもって仏教の話をすることは、清沢先生が初めてそのような形のお話を開かれた。（中略）清沢先生が精神講話をされたのは、専《もっぱ》らわが親鸞聖人の自信教人信の思《おぼ》し召《め》しを実践されたのである。(20)

こうして清沢の講話を聴聞していた量深でしたが、「進んで色々質問をすると云うようなことは殆《ほとん》どしたことはないのであります(21)」と語っているように、親しく接して教えを受けるということはなかったようです。

それでは「精神主義」が宣揚されていった明治後半期は、どのような時代だったのでしょうか。明治維新以降、日本は西欧列強と対峙していくために近代化を推し進めていきます。一八八九（明治二十二）年二月に「大日本帝国憲法」が公布、翌一八九〇（明治二十三）年十月には道徳教育の基準として「教育勅語」が発布され、国家体制が定められていきました。そして一八九四（明治二十七）年から翌年にかけて、諸外国との間で不平等条約の改正が行われ、内地雑居《ないちざっきょ》と引換えにいわゆる治外法権《ちがいほうけん》が撤廃されることとなりました（一八九九年実施）。この内地雑居は、キリスト教の進出を仏教者に危惧させることとなり、一八九九年前後には仏教を公認教とすることを求める運動や、国家と宗教をめぐって国会に提出された宗教法案への反対運動なども起こりました。

また、日本は一八九四・五年の日清戦争、そして一九〇四・五年の日露戦争へと向かっていきます。そのような状況下で、国家主義が積極的に唱えられていくようになります。代表的なものとしては、一八九九年末に東京帝国大学文科大学長の井上哲次郎《いのうえてつじろう》より、将来の宗教は倫理的にならなければならないという「倫理的宗教論」が提唱され(22)、大きな議論となりました。この場合の「倫理」とは、教育勅語体制下での国家主義的道徳を意味します。

このような世相の下、一九〇一年七月、「精神主義」の性格を、清沢

井上哲次郎（一八五六〜一九四四）東京帝国大学で日本最初の哲学教授となり、東洋哲学研究を開拓。貴族院議員、大東文化学院総長等も歴任。著書に『勅語衍義』、『国民道徳』等。

は次のように述べています。

今日以後の宗教は積極的でなければならぬ、現世的でなければならぬ、倫理的でなければならぬ、活動的でなければならぬ、抔《など》と云う様な注文が生じて来て居《お》ります。先《ま》ず此辺《このへん》が宗教に対する誤謬《ごびゅう》の終極でありましょう。其故《そのゆえ》は如何《いかん》となれば、宗教は社会上の利益や倫理上の行為の外に、一種の別天地を有するものなることを解するに至れば、既《すで》に宗教の門戸を開きて、一歩を其内に容《い》るるものであるから、最早《もはや》宗教を門外より批評するの必要を見ざることであります。此が正しく精神主義の立脚地であります。故に精神主義は、門外を標準とせずして、門内に標準を置き、客観的構成に着眼せずして、主観的心地を主要とするものにして、時には或《あるい》は内観主義《ないかんしゅぎ》を以《もっ》て之《これ》を標し、或は主観主義を以て之を標することであります。[23]

このように、倫理的・活動的なる宗教が求められる思潮の中で、それとは一種の別天地を有する所に宗教の意義があることを鮮明にし、内観主義・主観主義をもって「精神主義」を言い表しました。

曽我量深揮毫（願正寺蔵）

後に量深は、清沢が唱えた「精神主義」を「内観の道」として確認し、それが仏道の本流であると受け止めていくことになります。ここにこそ、量深が清沢から受け継いだものがありました。

> 今日は我等の恩師清沢先生の第三十四回の御正忌である。（中略）抑《そもそ》も先師が身命を捧《ささ》げて証験《しょうけん》せられたる内観の道なる精神主義の信念は決して先師個人の自性唯心の道でなく、釈尊の行信証教し給《たま》いし仏道の本流であります。[24]

しかし、清沢を師と仰ぐようになる前、量深はこの新たな思潮として唱えられた「精神主義」に対し、激しく疑問をぶつけていました。

第四節　自己を弁護せざる人

一九〇一（明治三十四）年十二月十五日発行の『精神界』第十二号に「精神主義と性情」という論稿が無記名で掲載されました。実際に執筆したのは暁烏でしたが、この論稿が大きな要因となって、「精神主義」に対する世間的な非難が沸き起こっていきました。同時期に、量深も「精神主義」へ批判を向けています。

「精神主義と性情」が批判の的となったのは、次の様な文章が罪悪をほしいままにするものと受け止められたからでした。

> 吾人の精神主義は酒を好む者に、酒を止めよと云うにあらず（中略）殺生を好む者に殺生を避けよと強《し》ゆるにあらず（中略）吾人を救済し給う絶待無限、矜哀大悲《こうあいだいひ》の光明は、殺生する者に殺生を止めざれば救わずと宣《のたま》わず（中略）殺生する者は殺生の儘《まま》、我を頼め極楽に迎えんとはこれ吾人が救主の大悲招喚《しょうかん》の勅命にあらずや。[25]

この主張に対し、当時の「精神主義」批判の代表者である花田衆甫《はなだしゅうほ》は、真宗には「俗諦《ぞくたい》」として倫理道徳の教えがあると指摘します。量深は、花田の批判については「我等は君の熱心なる態度を喜ぶと共に少しく君の一顧を望まざるを得ず（中略）宗教上の第一義諦《だいいちぎたい》の発表に向て、偏狭《へんきょう》なる道義的批判を加うべきにあらず[26]」と、倫理道徳の立場からの

花田衆甫（一八七三～一九五二）
本名は凌雲。新聞記者を経て、龍谷大学教授、同学学長、本願寺派執行等を歴任。著書に『仏教提要』等。

高山樗牛（一八七一〜一九〇二）本名は林次郎。明治三十年代の言論を先導した思想家・文芸評論家。雑誌『太陽』の編集主幹や東京帝国大学講師等を歴任。著書に『滝口入道』、『美的生活を論ず』等。

新仏教　正式名は「新仏教徒同志会」。境野哲、渡辺海旭、高嶋米峰等によって創立。禁酒・禁煙・廃娼運動等を展開。機関誌として『新仏教』を発行。

偏狭な批判として一線を引いています。それでは、量深の「精神主義」批判とはどのようなものであったのでしょうか。

『無尽燈』第七巻第一号（一九〇二年一月二十四日）の「思潮」欄に、量深は十五頁にわたる文章を掲載しています。それは「精神主義」に加え、高山樗牛《たかやまちょぎゅう》の「美的生活論」、新仏教の「常識主義」を批評するものでした。なかでも「精神主義」に対しては、「吾人は明《あきらか》に精神主義の第一の信者なることを断言せん」(27)との立場を表明した上で、次のように論じています。

要するに精神主義は其《その》消極的態度を過去に専注し過去の失敗に即罪悪に対するアキラメ主義とする点に於て非常に有効なるも、此を将来の行為の指導者としては、其価値殆《ほとん》ど零なりと云わざるべからず。彼は将来に対して唯《ただ》盲目的活動力を与うるに過ぎざるなり。(28)

つまり、「精神主義」は過去の責任に対する「アキラメ主義」という点では非常に有効で意義があるけれど、未来に対しては何ら理想に向かっての指導を与えないものだというのです。そして量深の「精神主義」

批判は、次の言葉で結ばれています。

過失を責めずして善なる理想に導き玉《たま》う如来は吾人の満腔《まんこう》の信憑《しんぴょう》を捧げ得る慈父《じふ》なり。『精神界』の諸君願くば吾人を憐《あわれ》み、吾人の惑《わく》を去らしめよ。(29)

如来とは、過去の罪を責めず、しかも未来の善なる理想に導くものではないのか。このように量深は『精神界』の同人に呼びかけるのでした。その批判の後、『精神界』第二巻第二号（一九〇二年二月十日）が出されました。この号に掲載された「精神主義と三世」「一念の問題、永劫の問題」「我等は何をなすべき乎《か》」といった論考について、量深は自身の批判に応答するものであると受け止めつつ、『無尽燈』第七巻第二号（一九〇二年二月二十日）の「時論」欄に「旧信仰者の叫」を発表し、次のような感想を述べています。

されど、我等は不幸にして殆ど何等の得る所なきを悲む。我等の疑問は依然として残れり、如来は我等に心霊的鍛錬をなさしめんが為

『精神界』第九巻第六号　「自己を弁護せざる人」が掲載された。

に、猶暫《なおしば》らく是《この》疑問を解釈せしめ玉わずと覚《おぼ》ゆ。我等は謹《つつし》んで疑問を撤回せん。我等は唯感謝の外《ほか》なき也。[30]

量深は『精神界』から納得しうる返答がなかったとしつつ、疑問は撤回すると表明します。しかしこの直後、量深の心機を一転する出来事が起こりました。

一九〇二年二月二十四日、京浜仏教徒大懇話会春季会が上野《うえの》精養軒《せいようけん》にて行われました。多くの人々が出席するなかで、『無尽燈』を代表して曽我量深が、『精神界』からは清沢満之をはじめ数名が出席していました。[31]「ちょうど私のすぐ真正面の前のところに清沢満之先生が坐《すわ》っておられました」[32]と量深は回顧しています。その会で、清沢がテーブルスピーチを行いました。その清沢の姿が量深の心に深く刻まれたのです。

そのことが語られたのは、一九〇九（明治四十二）年六月六日、東京帝国大学で行われた清沢満之の七周忌記念講演会の場においてでした。多くの人が清沢のことを語るなか、量深は「自己を弁護せざる人」との演題で、清沢との関係を次のように回想しています。

我は果《はた》して真に先生の門弟と名乗るべき権能ある乎《か》に就《つい》ては、自らも深き疑問を起さずに居れぬのであります。先生御在世の時他の門弟の人々が、師と起居を共にし、師の精神主義を讃仰しつつあった時、われは、嗚呼《ああ》われは果して何処《どこ》に何事をなしつつある乎。嗚呼われは想えば八年の昔、巣鴨の天地に在《あ》りて、筆なる剣を以《もっ》て先生並《ならび》に現在の同人を害せんと企《くわだ》てつつあったのであります。嗚呼われは釈尊に対する提婆達多《だいばだった》也、親鸞聖人に対する山伏弁円《やまぶしべんねん》であったのであります。誠《まこと》に因縁不可思議である。親鸞聖人の「信順を因とし、疑謗《ぎほう》を縁とす」との御言の如く、他の兄弟が信順の順因に依りて先生の室に入りしに対し、私一人は疑謗の逆縁を以て、同一の地位に登りましたことは、一に不可思議なる如来大悲の恩寵《おんちょう》と感《かん》泣《きゅう》することであります。[33]

このように、疑謗の逆縁をもって清沢との関係を結んだと告白する量深は、さらに続けて師と仰ぐきっかけとなる清沢の姿を語ります。

想えば今を去る八年の前の二月、上野精養軒に於て京浜仏徒の会が

提婆達多　［梵］デーヴァダッタの音写。釈尊の従弟で、阿難の兄ともいわれる。仏弟子となるが釈尊を妬み、阿闍世をそそのかして教団の主導権を握ろうとして失敗した。

山伏弁円　山伏の頭領であった時、親鸞の教化の広がりを妬み、害を加えようとしたが失敗。親鸞との対面により悔悟して門弟となった。『御伝鈔』にその記述がみられる。

あった。当時先生の主義に関して論難甚《はなは》だ盛《さかん》であった。先生則《すなわ》ち一場の食卓演説をなされた。要は「我々が精神主義を唱えて、諸方の高教誡に感謝の至《いたり》に堪《た》えぬことであるけれども、我々は何等をも主張するのでなく、唯《ただ》自己の罪悪と無能とを懺悔《さんげ》して、如来の御前にひれふすばかりである、要は慚愧《ざんき》の表白に外ならぬ」との御語であった。その森厳《しんげん》なる御面容髣髴《ほうふつ》として忘るることが出来ぬ。先生の如き論理的なる頭脳を以てせば如何なる巧妙の弁護も出来たであろう、一言の弁護すらなされぬ所、此正に深く自ら慚愧に堪えざると共に大に恃《たの》む所あるが為《ため》である。我は已《すで》に如来に依りて弁護せられ終りたではない乎。此れ恐くは先生の確信である。私は先生に付て第一に想い出すは彼《か》の一事である。私は則ち「自己を弁護せざる人」として先生を忘るることが出来ぬのである。[34]

量深は、清沢の学説に屈したのではありません。そうではなく、ただ懺悔を表明する清沢の姿を目の当たりにし、そこに生きた仏法を見出したのです。この講演の一年前には「吾人は唯肉を有する現実界の聖者に遭《あ》うことに依りて、初て僅《わずか》にその人格の奥底に潜在して、而もその三《さん》業《ごう》の根本たる信念を知ることが出来るのである[35]」と述べていますが、生きた清沢の人格との出会いに、量深の頭が下がったのです。量深は、最晩年に行われた一九七〇（昭和四十五）年五月の講演でも、この上野精養軒での出来事を「昔の話だけれども私はよく覚えておるのでございます[36]」と述懐しています。まさしく、清沢の懺悔の姿こそ、量深の生涯を貫いたものでありました。

この「自己を弁護せざる人」は次の言葉で結ばれています。

我は徹頭徹尾疑《うたがい》の子である。悲しむべき極《きわみ》である。けれども深く考うれば、信ずるものは信に依りて先生を忘れず、疑う者は疑に依りて先生を忘れぬことが出来る。疑もつまり先生を憶念する一大善巧《ぜんぎょう》に外ならぬのである。想えば疑は無意識の信であり、信は無意識の疑である。われが先生を疑うは已にその中心に潜在せる信念あるを証するのである。感謝極りなきことであります[37]。

第五節　真宗大学の騒動と浩々洞入洞

清沢の懺悔の姿に感銘を受けた量深でしたが、その後すぐに清沢の門弟となったのではありませんでした。一九〇二年六月の『無尽燈』に量深は、「花田衆甫君に与う」という文章を掲載します。これは花田の「精神主義」批判を批評するものですが、そのなかで「吾人は少しく「精神界」諸君に反対して、倫理宗教の根本的致一を信ずる者也[38]」と述べ、「精神主義」とは一線を画した立場を堅持しています。

この頃、真宗大学で大きな動きが起こります。真宗大学が東京に移転開校した後、その運営には困難がありました。当時本山は大変な財政難に陥っていました。その余波は大学にもおよび、教員の確保にも問題が生じていたのです。大学主幹であった関根仁応の日誌を見ると、一九〇二年一月十七日に、英語教員の確保の困難を学監の清沢に相談したところ、七月までは教員の不足を研究院生で補おうという返答だったようです[39]。もちろんそれだけではなく、「将来の良教授養成の為めに[40]」という

近藤純悟（一八七五〜一九六七）
浩々洞創設期の同人。旧姓は吉原。『精神界』に携わるとともに、仏教婦人雑誌『家庭』を創刊。若い頃より女子教育に専心。真宗大学教授を経て、姫路淑女学校長等を歴任。

一九〇二年頃の量深（浄恩寺蔵、部分）

展望もあったと伝えられます。

同年三月一日発行の宗派機関紙『宗報』には、真宗大学申報として「文学士本多辰次郎《ほんだたつじろう》、学師補曽我量深、近藤純悟、多田鼎、佐々木月樵の五人へ教授を嘱托《しょくたく》せり(41)」という記事が見られます。研究院生であった量深などが嘱託教授として教壇に立つことになったのです。同様のことは、『無尽燈』の同年二月号にも「研究院の曽我量深兄は因明《いんみょう》を、近藤純悟、多田鼎、佐々木月樵の三兄は英語を、何《いず》れも本月一日より本学教授嘱托せられ候(42)」という記事が見え、近藤・多田・佐々木が英語を、量深が因明を教授したことがわかります。因明とはインドの論理学のことで、当時の量深の論文に「唯識教は其研究の基礎を因明、即形式論理に置けり(43)」とあるように、唯識の基礎となる学問でした。

ただ、こうした研究院生の起用が学生の不満となりました。大学移転開学一周年を迎えた直後、一九〇二年十月中旬、突如学生たちから訴えが起こされます。宗教文化専門の新聞『中外日報』には、十月二十七日付で「真宗大学の内訌《ないこう》」と題した記事が見られます。そこでは学生たちが大学刷新の旗揚げをし、次の条件を学監の清沢に提出したとあります。

文部省の認可学校とするの件、仏典並に各学科に知名の大家を聘《へい》するの件、現今の教授を変更せしむる件等なるが其の最大眼目は主幹関根仁応師の排斥にあるが如し。(44)

文部省の認可学校というのは、中学校の教員免許を大学で取れるようにしてほしいという訴えであり、現今の教授の変更とは研究院生の起用への不満でした。当時学生であった加藤智学は、次のように回想しています。

今の曽我・近藤・多田先生、研究科にいらっしゃる偉い方を皆予科の先生にした。すると予科の奴等は年がいってるからして、我々を馬鹿にしてる。研究科の学生を予科の先生にするとはケシカラン、こういう事をいい出した。中には講義が判らんとゴテクサにいう。（中略）曽我先生の唯識が判らんという。(45)

関根の日誌にも、大学教員の清水渕道の話として、「最初学生の焦点は曽我君と洞の人にあり（中略）其根元とは曽我君等のこと也き云云(46)」

井上豊忠（一八六三〜一九二三）
清沢らと共に教団革新運動を主導し、軍師的な役割を果たす。森岡清美『真宗大谷派の革新運動――白川党・井上豊忠のライフヒストリー』参照。

という記載が見えます。そしてこれらの大学への不満が、主幹であった関根仁応の排斥へと向かいました。

この騒動に対し、清沢・関根・月見の三人が相談し、十月二十一日に関根が辞任を決し、翌日には清沢も辞任することになりました。清沢は、井上豊忠《いのうえぶんちゅう》に宛てた手紙でこの件について次のように述べています。

真宗大学に於いて存外の紛擾《ふんじょう》的現象差起《さしおこ》り、勢《いきおい》の進む所、恰《あたか》も過年に於ける真宗中学寮の大紛擾と其の軌を同じうするやの恐有之《おそれこれあり》。之を其の未だ発せざるに先だち、鎮火剤を投ずるの必要を相感《あいかん》じ、其の第一着とし、関根兄と小生とが断然辞職致候事《いたしそうろうこと》とし、月見兄も共に辞退に相成り（其の他若手連にて都合により四五名辞職致し）候(47)

清沢は、かつての真宗中学寮での騒動で、本山から学校人事への介入があったことを念頭に、同じ事態にならぬよう早く騒ぎを鎮《しず》めるために辞任したといわれます。ここで「若手連」も辞職したと言及されていますが、その一人が量深でした。当時、浩々洞に身を置いていた安藤州一

安藤州一（一八七三〜一九五〇）
浩々洞の同人。真宗京都中学の教員等を歴任。清沢満之の没後に言行録をまとめた『清沢先生　信仰坐談』を刊行。他の著書に『歎異抄十回講話』、『陽明学講話』等。

は「清沢師も終《つい》に辞職せられた。それに殉じて、多田、佐々木、曽我、近藤の四君も袂《たもと》を連ねて去った[48]」と回顧しています。

　辞任を決した清沢は、周囲の者たちが慰留するなか、十一月五日に三河の自坊へと帰りました。そしてそれ以後、二度と東京に戻ることはありませんでした。翌一九〇三（明治三十六）年六月六日、患《わずら》い続けていた結核の悪化により、清沢は若くしてその生涯を閉じることになったのです。

　この清沢が去った後の浩々洞に、量深は身を置く事になります。それは京都の学生時代以来の親友である和田（楠）龍造の導きによってでした。そのことを量深は和田に宛てた文章のなかで「高慢にして、師友の如何なる言論にも心服せざる我に、多くの師友を与えたるは偏《ひとえ》に大兄の御恩である[49]」と述べています。

　入洞の決心をしたのは一九〇三年三月十六日[50]、入洞したのは十八日でした。しかし、同月二十日には清沢の侍者の原子広宣《はらここうせん》が、洞に残されていた清沢の荷物をまとめて三河へ引き上げていきました。そのため、量深と清沢とが浩々洞の同じ空間で共に生活するということはありませんでした。入洞直後の三月二十一日、量深が同郷の先輩でもある関根に手紙を書き送ったことが、関根の日誌中に見えます。関根による抜粋ですが、そこには次のような量深の心中が綴られています。

曽我君書〔中略〕十四日帰京、浩々洞へ寓《ぐう》す、清師引上ぐ　我校また眠る　月〔月見覚了〕氏あるも云云　知遇をうけ自ら揣《はか》らず　累《るい》を及ぼし慚《は》じ且《か》つ良心の呵責《かしゃく》云云　有為の士の中央教界に出らるるを切望す……(51)

浩々洞へ身を置いたけれども、師の清沢は引き上げてしまった。そして真宗大学は眠ってしまったようである。知遇をいただいた清沢に、はからずも迷惑をかけることとなり、良心の呵責に苛《さいな》まれている。このような思いを抱いて、量深は清沢不在の浩々洞へ身を置いたのでした。こうして浩々洞の一員となった量深は、『無尽燈』とともに『精神界』を主たる思索の発表の場としていきます。

注

（1）『浄土仏教の思想』第一五巻、二六〇頁。
（2）「信仰の流れ」、『講義集』八・六二頁。
（3）『宗報』第一〇号（一八九九年七月二十三日）二三頁。
（4）『宗報』第一一号附録（一八九九年八月二十三日）三頁。
（5）『宗報』第二九号（一九〇〇年十二月五日）七頁。
（6）『無尽燈』第一編第一号。
（7）「蓮如教学の根本問題」、『講義集』一・一九三頁。
（8）『選集』一・二四五頁。
（9）『選集』一・二四七頁。
（10）『無尽燈』第三巻第七号、第一〇～一二号。
（11）「真宗再興の指標」、『講義集』一〇・一三〇～一三一頁。
（12）『選集』一・二五七～二五九頁。
（13）「真宗大学新築の位置に就きて」、『清沢満之全集』七・八八頁。
（14）「大学の父母――学長就任のことば」、『大谷大学百年史〈資料編〉』五九三～五九四頁。
（15）『清沢満之全集』七・三六四頁。
（16）『宗報』一九〇一年十月二十一日、一頁。
（17）『清沢満之全集』九・二七八頁。
（18）『清沢満之全集』六・三頁。
（19）「清沢満之先生の教え（一）」、『講話集』三・二四六～二四七頁。
（20）「死生ともに如来にあり」、『講話録』三・一五六～一五七頁。
（21）「清沢先生讃仰」、『選集』一・三～四頁。
（22）「宗教の将来に関する意見」、『哲学雑誌』第一五四号（一八九九年十二月）。
（23）『清沢満之全集』六・二九七頁。
（24）「清沢満之先生」、『選集』五・三〇頁。
（25）『精神界』第一二号、二～三頁。
（26）「旧信仰者の叫」、『無尽燈』第七巻第二号、『選集』一・三〇八頁（「再び精神主義を論ず」と改題）。
（27）『選集』一・二九一頁。
（28）『選集』一・二九三頁。
（29）『選集』一・二九七頁。
（30）『選集』一・三〇八頁。
（31）『曽我量深　明治三十五年論稿集　宗教の死活問題』一四九頁。
（32）「真実の教え」、『選集』一二・一八二頁。
（33）『精神界』第九巻第六号、『選集』一二・一二五頁。
（34）『選集』二・二二八頁。
（35）「我に影向したまえる先師」、『選集』二・一五八頁。
（36）「真実の教え」、『選集』一二・三八二～三八三頁。

(37) 『選集』二・二二九頁。
(38) 『選集』一・三〇九頁(「三度精神主義を論ず」と改題)。
(39) 『関根仁応日誌』第五巻、一六頁。
(40) 安藤州一「浩々洞の懐旧」、『資料　清沢満之〈資料編〉』一七七頁。
(41) 『宗報』第五号(一九〇二年三月一日)三頁。
(42) 『無尽燈』第七巻第二号、九〇頁。
(43) 「唯識宗の末那識観」、『無尽燈』第七巻第六号、『選集』一・三六一頁。
(44) 『中外日報』一九〇二年十月二十七日付。
(45) 加藤智学「道心の訓育」、『絶対他力道』一一二頁。
(46) 『関根仁応日誌』第五巻、一六九頁、一九〇二年十一月九日条。
(47) 『清沢満之全集』九・二九四〜二九五頁、一九〇二年十一月十一日付。
(48) 安藤州一「浩々洞の懐旧」、『資料　清沢満之〈資料編〉』一七八頁。
(49) 「現実界の浄土——和田龍造君に与うる書」、『選集』二・四二二頁。
(50) 『暁烏敏日記』上、一八三〜一八五頁。
(51) 『関根仁応日誌』第五巻、二〇六頁、一九〇三年三月二十三日条。

第三章　明治の思想界との対峙

第一節　大乗非仏説

疑謗《ぎほう》の逆縁《ぎゃくえん》をもって清沢満之との縁を結んだ量深は、当初は『無尽燈』を中心に、浩々洞《こうこうどう》入洞以後は主に『精神界』で論考の発表をしていくようになります。それら量深の論考は、当時の仏教界・思想界の議論を反映しており、また単に当時のものというだけでなく後々の思索にも繋がっていきました。キリスト教の三位一体論についてなど、議論は多方面に及びますが、今は二つのことを確認したいと思います。一つは「大乗非仏説」、もう一つは「日蓮主義」です。

まず「大乗非仏説」を確認しましょう。インドで興起した仏教は、様々に展開していきますが、古くから日本へ伝来した伝統を大乗仏教と言います。しかし、大乗の教えを説く経典は、仏教の展開のなかで新たにまとめられたものであり、釈尊が直接に語ったものではない、と見なす考えが生じるようになりました。これが「大乗非仏説」です。このような説は、古代インドの時代から見られますが、特に日本では、江戸中期の国学者・富永仲基《とみながなかもと》によって主張されました。そしてその主張が、近代に入ってからは、西洋の歴史研究とあわさって、大きな議論となっていきました。

　そして、真宗大谷派僧侶で仏教学者の村上専精《むらかみせんしょう》が、一九〇一（明治三十四）年七月に著した『仏教統一論　第一編　大綱論』の末尾でこの問題を取り上げ、「余は大乗非仏説なりと断定す」と記しました。ただし、この一文は「余は大乗非仏説と断定するも開発的仏教として信ずる者なり」と続いていきます[1]。村上は、歴史研究としては大乗仏教を釈尊が直接語ったものとは認められないとしつつも、その展開として教理的には仏説であると積極的に主張したのでした。しかし、宗門内の学者が「大乗非仏説」を主張したとして問題視され、同年十月に村上は、自ら宗門を離脱することになります。

　量深は、一九〇二年一月、『無尽燈』で「精神主義」への疑念を提示した時に、同号に「大乗非仏説を絶叫する大乗仏教徒」と題する論考も掲載し、この村上の主張を取り上げました。そして「吾人は今回の博士の大乗非仏説の勇断は、博士が如何に深く大法を尊信せらるるやを想起せしむ[2]」と述べ、村上の主張を正しく読み取り、賛意を表したのでした。

村上専精　『六十一年　一名赤裸裸』（丙午出版社、一九一四年）より転載。

村上専精（一八五一～一九二九）真宗大学寮等で教鞭をとった後、東京帝国大学文科大学印度哲学講座の初代教授となる。大谷大学長、東洋高等女学校長等を歴任。著書に『仏教統一論』、『六十一年　一名赤裸裸』等。

その上で、釈尊が説いたから信じるというのは、法に対する信頼が足らないのではないかとして、親鸞聖人の態度を次のように述べています。

見るべし、聖人の信仰は釈尊の上に立たずして、一に弥陀の上にあることを。聖人の眼中よりせば、浄土三経は寧《むし》ろ弥陀の直説《じきせつ》なり。其《その》人文史上の産物としては、釈尊の口を藉《よ》れりとするも、其真理は千古不変に、人によりて初て造られたるものに非ざる也。浄土三経は十劫正覚《じっこうしょうがく》の呼声なり。否々因位《いないないんに》発願《ほつがん》の御声なり。寧ろ久遠《くおん》以前の叫也。(3)

親鸞聖人の信仰はひとえに阿弥陀仏にあり、正依の浄土三部経は釈尊が説いたとされているが、親鸞聖人にとっては遥かにそれ以前の、因位法蔵の発願の声にほかならない。こうして量深は「大乗非仏説」を通して新たな経典観を示していくのでした。

なお、この論考では、親鸞聖人の態度に続けて、日蓮上人の態度についても論じられています。

彼〔日蓮〕は唯《ただ》本門の釈尊を取れり。本門の法華経のみを取れり。歴史的釈尊を見る日蓮の態度の、如何に冷酷なりし乎を見よ。(4)

『法華経』は、伝統的に前半が「迹門《しゃくもん》」、後半が「本門」と位置づけられています。「迹門」とは、歴史的にインドに現れた釈尊を表し、これを衆生救済のために仮に現れた方便のすがたとするものです。そして「迹門」に対し、その根源に久遠以来の常住不滅である釈尊の存在があることを表すのが「本門」とされています。量深がここで指摘しているのは、日蓮上人は「迹門」である歴史的釈尊ではなく「本門」の釈尊を中心としたのであり、その態度に、歴史的に見て釈尊の直説か否かと問題とする「大乗非仏説」の議論を超えた信仰があるということです。

第二節　日蓮主義への傾倒

量深の日蓮上人への言及はこの頃、盛んに行われています。その背景には、当時盛行していた「日蓮主義」がありました。「日蓮主義」を唱

高山樗牛　国立国会図書館「近代日本人の肖像」(https://www.ndl.go.jp/portrait/) より転載。

えた代表的な一人に、当時の言論界で活躍していた高山樗牛《たかやまちょぎゅう》がいます。量深はこの高山樗牛の言論に注目しています。

　高山は一九〇一年八月に雑誌『太陽』で「美的生活を論ず」を発表しました。量深は、「精神主義」や「大乗非仏説」に言及した一九〇二年一月号の『無尽燈』に「精神主義と本能満足主義の酷似」と題した論考を発表し、そこで高山の「美的生活論」も取り上げています。量深は高山の主張を「本能満足主義」と称し、「専ら主観の満足安心を求めたり[5]」という点において「精神主義」と類似していると指摘しています。

　「美的生活を論ず」で高山は、幸福とは本能の満足であり、その本能とは人性本然の要求であるといいます[6]。そして知識や道徳は、あくまで本能を目的とした手段という相対的価値でしかないことが主張されます。また「吾人の本能なるものは謂《い》わば種族的習慣也[7]」とも述べ、それは祖先が幾何《いくばく》の星霜と苦痛とを経過して伝え得られた遺産であると高山はいいます。このように高山の語る「本能」の満足という主張に、量深は「精神主義」と並ぶ重要な意義を見出しました。「本能」は、後に量深の思想を代表する表現となっていきます。

　さて、量深が注目していた高山が、この時期に「日蓮主義」を唱えて

田中智学（一八六一～一九三九）
日蓮宗の僧となるも、還俗して在家仏教団体の蓮華会を創設。立正安国会への発展を経て国柱会を結成。日蓮主義運動を展開。著書に『宗門之維新』、『日蓮聖人の教義』等。

いくことになります。その直接のきっかけは、立正安国会を率いていた田中智学《たなかちがく》から高山に『宗門之維新』（一九〇一年九月刊行）が送られたことでした。「日蓮主義」という言葉は、田中の『宗門之維新』から広まったとされています。高山は一九〇一年十一月、雑誌『太陽』に「田中智学氏の『宗門の維新』」を発表します。そして、「是の書が末法五濁の当世にありて教祖日蓮の偉大なる精神を継紹せる所に同情を禁ずる能わざる」(8)と絶賛したのでした。その後、高山は翌年十二月に没するまで、日蓮主義についての諸論考を立て続けに発表していきます。それは量深の目にも留まったことでしょう。

田中智学の動向は、真宗大学の学生の間でも注目されていました。一九〇二年二月の『無尽燈』では、新書紹介の欄に『宗門之維新』に次いで田中が発表した『本化摂折論《ほんけしょうしゃくろん》』(9)が次のように紹介されています。

吾人は今日の如き宗教萎靡《いび》、信仰冷却の時に当りて全身是《これ》熱情、満腔《まんこう》是信念とも見ゆる田中氏の、敬虔《けいけん》なる真摯《しんし》なる、活信仰を聞くを得たるを喜ぶものなり、本編を読みて粛然襟《しゅくぜんえり》を正さざるものは宗教家にあらざるなり。(10)

無記名での紹介ですが、田中の主張が真宗大学の学生に大きな衝撃をもって受け止められていたといえるでしょう。

「摂折」とは、「摂受《しょうじゅ》」と「折伏《しゃくぶく》」という教化の二つのあり方のことで、「摂受」は相手の立場を認めながら行う教化、「折伏」は相手の立場を認めずに降参帰伏させる強硬的な教化です。当時の日蓮宗の主流派は「摂受」を立場としていましたが、これに対して田中らは「折伏」こそ日蓮上人の態度であると論じたのでした。

これに刺激を受けた量深は、一九〇二年六月の『無尽燈』に「現代社会救済の為めに「法然」主義を鼓吹《こすい》す」を発表します(11)。この論考は、初めに日蓮上人を取り上げ、「彼日蓮上人に取るべきは、其折伏門なり」とし、「吾人は是意義に於て摂受主義を主張する、一派の日蓮宗徒の意見に反対し、「妙宗」一派の諸君の、能く日蓮の長所を捕足し得たるを喜ぶ」と述べています。田中(当時雑誌『妙宗』を発行)の議論が、量深に大いなる刺激を与えていたことが分かります。その上で量深は、「廃《はい》立《りゅう》主義は、法然聖人の生命なり」と述べ、諸行を廃し称名念仏一行を掲げた法然上人の現代的意義を探究していきました。

さらに浩々洞入洞の後、くしくも清沢が亡くなった月である一九〇三年六月の『精神界』に、量深は「宗教的人格論」を発表します。本論考は「宗教の本体は宗教的人格に在り(12)」との言葉に始まりますが、倫理的人格と対峙する形で論が展開されていきます。それは井上哲次郎に代表される倫理的宗教論を念頭に置いたものであり、そこで宗教的人格の代表として語られたのが日蓮上人でした。その議論は以下の言葉で閉じられます。

生命は本源なり、規律は枝末なり。『妙法蓮華経』は人間生命の直写なり。日蓮上人は生ける『妙法蓮華経』其物《そのもの》なり。されば『法華』と日蓮とを以て倫理道徳を論ずべし。倫理道徳を以て日蓮『法華』を律せんとするは是れ何たる怪事ぞや(13)。

量深は、田中などから刺激を得て、『法華経』に基づく日蓮上人の宗教的人格、その熱烈なる信念に非常に共感していくのでした。晩年、量深は日蓮宗の学者である茂田井《もたい》教亨《きょうこう》と対談した際、次のように振り返っています。

茂田井教亨（一九〇四～二〇〇〇）日蓮宗の僧侶、仏教学者。立正大学教授、同学日蓮教学研究所所長など

を歴任。著書に『法華経入門』、安田理深との共著『不安に立つ――親鸞・日蓮の世界と現代』等。

法華経なんていうのは経典は昔から尊敬している、仰いでいる経典でありますねえ。（中略）若い時にはやはり日蓮聖人の遺文《いぶん》を拝読しますとねえ、なにかやっぱりこう血が湧くといいますか――あの時分に高山樗牛という方がおりましてねえ。高山樗牛、姉崎正治《あねざきまさはる》、それから山川智応《やまかわちおう》さん――雑誌がありましたね（中略）毎月出ていて読んでおりましたです。それから日蓮聖人の遺文録ですね。
いわば親鸞さんとは違いますけどねえ、日蓮聖人に照らして親鸞上人をみるですねえ。それから日蓮聖人をみようとするときは親鸞上人に照らしてみるですねえ。両相照してみすると、両方が相通ずるものがありますですね(14)。

こうして日蓮上人の遺文に血が沸くような思いを抱き、その日蓮上人の信仰と親鸞聖人の信仰を照らし合わせるかたちで、若き曇深の思索は深められていきます。そしてそれは、一九〇四（明治三十七）年一月から始まる『精神界』での連載「日蓮論」（全七回、一九〇四年一月～十二月）としてまとめられていきました。

第三節 「日蓮論」

「日蓮論」の連載は、学問研究のあり方を問い直すこと、いわゆる科学的歴史的研究が単に過去の事実を探究することに留まり、その結果として過去の偉人の精神をきわめて限定的にしか把握できていないことへの異議申し立てに始まります。そして、科学的研究に対し「釈尊は唯書物の上に存するに非ずして、直に吾人自己の心霊の裡《うち》に活動し給うを知らざる也[15]」と指摘し、自己の心霊に対する活動を通して過去の偉人の宗教的人格は把握されるのだというのです。これは、先に見た大乗非仏説論が念頭に置かれたものでした。

量深は連載において、今の時代に日蓮上人のように大乗仏教精神を発揮したる念仏者はいるのかを問います。連載が始まった一九〇四年という年は、二月十日に日露戦争が勃発するという歴史的転機のまさに渦中でした。第二回が掲載された号の『精神界』報道欄には「此頃は二人相集れば、必ず戦争の話ならざるはなし[16]」と記されています。このような雰囲気の中で「日蓮論」の連載は書き進められていきました。
量深の態度が先鋭的に示されるのが、七月発表の第四回「敵は善人也、友は悪人也」です。ここで量深は「吾人は今宗教と国家又は倫理との問題を解決せんと欲するものに非ず(17)」と前置きしつつも、宗教的信念の真価の顕現がどこに見られるのかを問い、日蓮上人の折伏主義を念頭に次のように述べるのでした。

超倫理超国家の宗教は、反倫理反国法の事実に依りて、初めて其面目を露出す。超倫理と反倫理とは、似て非なる者也。非なりと雖《いえ》ども必ず酷似《こくじ》す。是を以て吾人にして真に宗教の超倫理なるを証明せんが為めには、倫理に反抗せる事実を以てするの外途《はかみち》なき也。国法と倫理とに随順する宗教家は、其宗教的信念を有するを妨げずと雖ども、而《しか》も其光明は是等《これら》雲霧の為に隠没《おんもつ》せられて、信仰自己の権威を証明するに足らざる也(18)。

超倫理・超国家と反倫理・反国法は異なる。けれども、宗教がその真面目である超倫理・超国家性を示そうとするなら、実際には反倫理・反国法として現れるしかない。だからもし宗教家が国法と倫理に随順するならば、それは宗教の権威を隠没することになるのだ。こうして量深は、日露戦争のただなか、日本主義が高潮していくその時に、日蓮上人の折伏主義を通して宗教的人格の現実的意義を問い続けたのです。

それでは、折伏主義として示されるこの日蓮上人の宗教的信念は一体どこから生じたのでしょうか。そのことが十一月発表の第六回「『法華経』の最大疑問、地涌《じゆ》の菩薩」で論じられます。

日蓮上人が拠り所とした『法華経』では、本門の中心である「如来寿量品」で久遠実成《くおんじつじょう》の釈尊が示されますが、その直前に「従地涌出品」があります。そこでは、まずさまざまな菩薩たちが釈尊の滅後に『法華経』を護持することを誓うのですが、釈尊はそれを制止します。その時に大地が裂けて、そこから無量無数の菩薩たちが涌き出てきます。上行菩薩を代表とするこの菩薩たちを「地涌の菩薩」といい、彼らに『法華経』の受持が託されるのです。その様子を見た弥勒菩薩は、この地涌の菩薩たちの存在を疑問に思い、さらにいつ彼らを教化したのかを釈尊に問います。これに対して続く「如来寿量品」において、久遠実成の釈尊の存在が説かれます。そして日蓮上人は、まさにこの「地涌の菩薩」をもって自己を自覚したのであり、量深はそのことを問うたのでした。

地涌の菩薩は是れ勿論《もちろん》所謂《いわゆる》学者に非ず、智者に非ず、位高き者に非ず、徳尊き者に非ず、名あるものに非ず。彼等は所謂悪人也、（中略）天来の菩薩は所謂三賢十聖の大士也、地涌の菩薩は底下至愚の悪人也、泉の地下より涌くが如く到る処に発生すべき凡俗也、（中略）是れ則ち末法現代の人間也。日蓮は則ち其《その》第一人也。(19)

天から来たる菩薩に対して大地より涌き上がる菩薩とは、智者・学者ではなく、世に見放されたる底下の悪人であり、末法現代の人間である。そしてその代表が日蓮であったと量深はいいます。そしてそのような者は、自己にたのむべき智や徳はなく、愛敬し奉事すべきはただ本門寿命無量の如来のみであるとした上で、「世人が智と徳と、位と能とを以て其力とするに対し、吾人は愚と悪と賤と無能とを以て其力となす」(20)と、無能の自覚が大なる力なのだと続けます。

無力者の大宣言は決して無力者其人の宣言に非ずして、明に如来法

身の宣言なるを顕わすに非ずや。（中略）知らずや、無始の寿量は唯《ただ》罪業具足の凡夫の胸底に潜在することを。(21)

自己にたのむものなき無能・罪悪の自覚こそ逆縁として真に如来自身の力を開顕するのであり、罪業具足の凡夫の胸底にのみ活きた如来の事実がある。こうして量深は、ただ日蓮一人において、「罪悪の光栄是《ここ》に於《お》いて絶頂に達し、『妙法蓮華経』茲《ここ》に永久に実在となれり(22)」と述べ、「地涌の菩薩」への思索を結ぶのでした。

こうして量深は、この現実社会の中で生きた仏法がどこにあるのかを日蓮上人の自覚に問いました。そして、愚悪の自覚こそ、観念ではない心霊上の事実として如来を証明するのであり、具体的には反倫理・反国法として顕現する超倫理・超国家たる宗教の真面目《しんめんもく》をここに見出したのでした。また、特に「地涌の菩薩」については、後に『大無量寿経』の法蔵菩薩を通してあらためて問い直されていくことになります。ただし、この「日蓮論」で論じられた宗教の超倫理・超国家性は、第二次大戦下においては、後景に退いていきました。

この「日蓮論」は、単行本化が予定され、『精神界』に広告も載せら

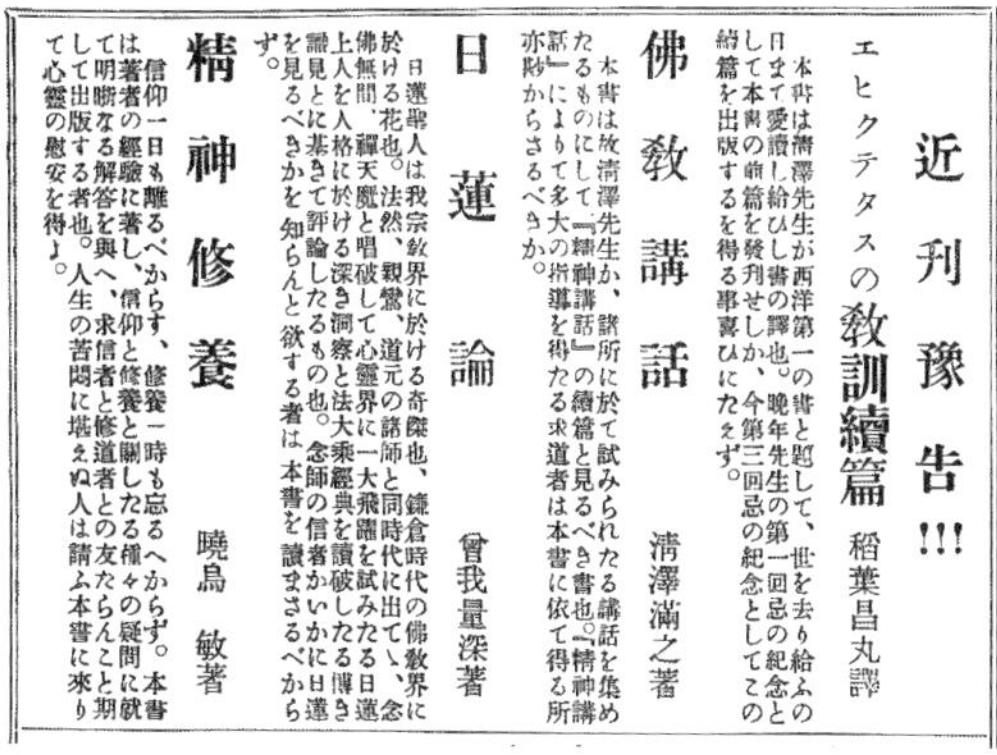
近刊豫告!!!

エヒクテタスの教訓續篇　稲葉昌丸譯

本書は淸澤先生が西洋第一の書と題して、世を去り給ふの日まで愛讀し給ひし書の譯也。晩年先生の第一回忌の紀念として本書の前篇を發刊せしか、今第三回忌の紀念としてこの續篇を出版するを得る事喜ひにたえず。

佛教講話　淸澤滿之著

本書は故淸澤先生か、諸所に於て試みられたる講話を集めたるものにして『精神講話』の續篇と見るべき書也。『精神講話』によりて多大の指導を得たる求道者は本書に依て得る所亦尠からさるべきか。

日蓮論　曾我量深著

日蓮聖人は我宗教界に於ける奇傑也、鎌倉時代の佛教界に於ける花也。法然、親鸞、道元の諸師と同時代に出て、念佛無間、禪天魔と唱破して心靈界に一大飛躍を試みたる日蓮上人を人格に於ける深き洞察と法大乘經典を讀破したる博き識見とに基きて評論したるもの也。念師の信者かいかに日蓮を見るべきかを知らんと欲する者は本書を讀まさるべからず。

精神修養　曉烏敏著

信仰一日も離るべからす、修養一時も忘るへからず。本書は著者の經驗に著し、信仰と修養と關したる種々の疑問に就て明晰なる解答を與へ、求信者と修道者との友たらんこと期して出版する者也。人生の苦悶に堪えぬ人は請ふ本書に來りて心靈の慰安を得よ。

「日蓮論」広告（『精神界』第五巻第五号）

れましたが、最終的には刊行に至りませんでした。しかし、その研究は日蓮主義の側からも注目され、連載時には、田中智学が主宰する『妙宗』誌上で「曽我氏は「日蓮研究」に熱心なる人、所論未だ徹底せずと雖、箚々《そうそう》たる日宗大旦林《にっしゅうだいだんりん》卒業生の所論と比すれば殆《ほと》んど比較にあらず、吾人はその総てを終るを俟《ま》ちて一評を加えんとす(23)」と大変好意的な紹介がされています。また、後年には、田中の高弟・山川智応が「真宗の哲学的思想家曽我量深氏の「日蓮論」が、むなしく広告せられしのみにして、公刊に到らざりしは吾等の遺憾少からずとする所なり(24)」と述べており、宗派的な垣根を越えた思想的交流が実現していました。

第四節　浩々洞での生活

前章で見たように、一九〇三（明治三十六）年三月十八日に量深は浩々洞の同人となりました。その翌月には多田鼎《ただかなえ》が伝道のために千葉に赴くこととなり、洞に身を置くのは楠龍造《くすのきりゅうぞう》・安藤州一《あんどうしゅういち》・佐々木月樵《ささきげっしょう》・暁烏《あけがらす》敏《はや》、そして量深の五人となりました。同人となった量深は、

浩々洞同人集合写真（一九〇四年）
右から多田鼎・曽我量深・安藤州一・佐々木月樵・暁烏敏・原子広宣（西方寺蔵）

近角　近角常観（一八七〇～一九四一）欧米視察からの帰国後、東京

早速日曜講演にも立つようになり、四月二十六日には「妄念起る時」との題で講演を行っています。その後も、「宗教は利剣の如し」（十月十八日）、「如何にして仏に接するか」（十一月十五日）、「潜在の力」（翌年二月二十一日）という題で講演を行ったことが『精神界』に記録されています。[25]

同年七月、大日本仏教青年会の夏期講習会が、新潟県の五智《ごち》（現・上越市）で開かれました。量深は接待係として参加していましたが、何度か講演なども行いました。会の報告には「曽我量深師の罪悪観と題する熱誠なる講演あり」（十六日）、「有志の信仰談話会を開き近角《ちかずみ》、曽我両師が例の熱誠懇篤の談話ありたり」（二十日）、「斎藤師の「求法の要素」曽我師の「生死」と題する講演あり、聴衆満堂、両師が熱誠の説示は深く一同を感ぜしめたり」（二十二日）などと記されています。[26]量深の講演は常に「熱誠」と言い表されるものであったようです。

一九〇四（明治三十七）年七月三日、真宗大学の卒業証書授与式があり、量深は研究院を卒業しました。[27]その研究事項は「唯識宗の研究」[28]であったと記録されています。同年八月二十日には大谷派から「学師」の学階が授与され、[29]九月一日には真宗大学の教授に命じられました。[30]さら本郷に求道学舎・求道会館を創設し、教団外の学生・知識人を対象とした教化活動に尽力。著書に『信仰の余瀝』、『歎異抄愚註』等。

斎藤　斎藤唯信（一八六五～一九五七）真宗大学寮で宗乗ならびに因明学・華厳学等を修学。真宗大学（大谷大学）教授等を歴任。著書に『仏教学概論』、『松堂九十年史』等。

に一九〇七（明治四十）年二月、大谷派の学階条規が新たに定められ、三月一日に「擬講《ぎこう》」の学階が量深に授与されました(31)。

大学では、「因明入正理論《いんみょうにゅうしょうりろん》」「成唯識論《じょうゆいしきろん》」「性相史《しょうそうし》」（解深密経《げじんみっきょう》、引き続き摂大乗論《しょうだいじょうろん》）」「唯識述記《ゆいしきじゅっき》」(32)など唯識を講じ、一九〇七年からは七祖の教系についても講じたといわれます。その講義手記である「七祖教系論」は、一九三八（昭和十三）年に刊行された『伝承《でんしょう》と己証《こしょう》』（曽我量深論集第三巻）に収録されましたが、その序文で量深は次のように述べています。

「七祖教系論」は明治の末期に、その頃東京巣鴨に在りし今の大谷大学の前身真宗大学予科に於ける講義の手記であり、私が始めて真宗学に歩を踏み入れた記念として、生涯忘れ得ない想い出であり、その後の私の運命と方向との指針であった(33)。

当時の量深は、東京の浩々洞で共同生活をし、大学で教鞭《きょうべん》をとりつつ、休暇などにあたっては郷里越後に帰国し、「法務に従事(34)」するという生活であったようです。その生活が変わるのが、一九〇七年三月頃で

清沢満之肖像（油絵、中村不折画、一九〇五年、大谷大学蔵）

す。当時の『精神界』をひらくと「曽我、また家人の来らるるありて、是亦《これまた》居を同区駕籠町《かごまち》五一に移し候」(35)と記され、翌月には「曽我は新世帯の上に甘苦《かんく》の両味を嘗《な》め居 候《おりそうろう》」(36)とあります。洞の生活から、家人を迎えてのまさしく甘苦を味わう新たな家庭生活に変わっていったのでした。

第五節　清沢満之の憶念

こうした生活を送るなかで、折にしたがって憶念されていたのが亡き師・清沢満之です。量深にとって特に思い出深かった出来事は、浩々洞で清沢の肖像画製作が発起されたことでした。一九〇五年六月六日、真宗大学での清沢三回忌法要に先立ち、その除幕式があり、量深も出席しています。(37)肖像画は『精神界』の表紙絵などを描いていた画家の中村不折《なかむらふせつ》に依頼しましたが、中村は写真だけでなく生きたモデルを求めました。そこで推挙されたのが量深でした。一九六三（昭和三十八）年六月六日、清沢の生誕百年を記念した大谷大学での講演で、量深は「清沢先生を憶《おも》う」との題のもと、この出来事を回顧しています。そこで自分が選ばれたことについて、単に外見だけではない「何かがモデルになった」[38]といいます。そのことが、後には「信念が一つ」[39]だったためと受け止められていきました。

前章で見たように、清沢を憶念する暁烏は、一九〇八（明治四十一）年六月に「我に影向《ようごう》したまえる先師」、一九〇九（明治四十二）年六月に「自己を弁護せざる人」を発表していきます。そして当時の風潮に対し、清沢の恩徳を次のように表明するのでした。

我等が此物質万能の世の中、積極主義に狂奔《きょうほん》する世の中に、兎《と》に角《かく》精神主義消極主義の天地に満足せんと求むることは、偏《ひとえ》に先師の御教訓である。世の人が信念問題と学理問題とを混同し、宗教と倫理道徳とを混乱して煩悶《はんもん》して居るに際し、我々は超然として絶対信念の領域に満足し、世人が社会の改良を絶叫しつつあるに当りて、我等は専《もっぱ》ら自己救済の光栄を感謝し讃仰の生活を営みつつあるは、何たる幸福ぞや。一に皆我先生を通して下されたる大悲如来の賜物《たまもの》と信じます。[40]

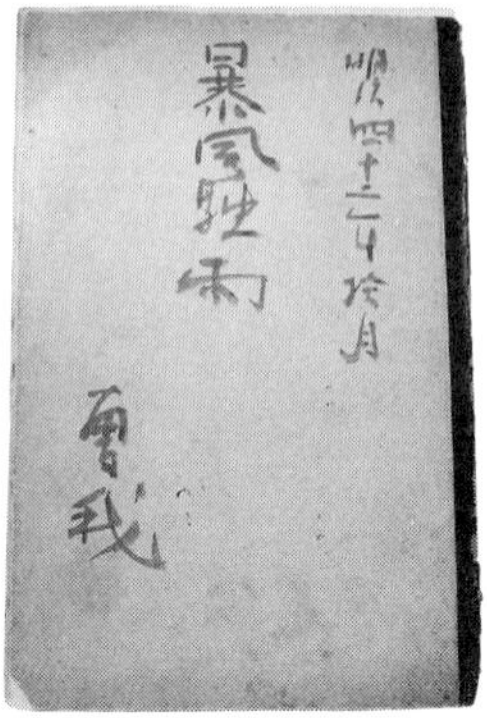

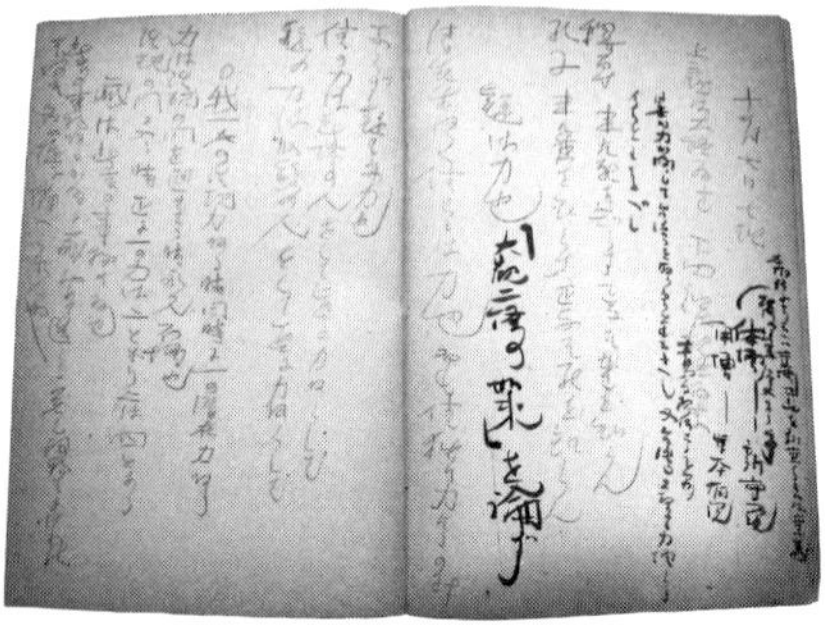

明治42年自筆ノート「暴風駛雨」、表紙・「疑は力也」（浄恩寺蔵）

浄恩寺に蔵される当時の量深のノートにも、清沢についての断片を見ることができます。そのなかに、表紙に「明治四二年拾月　暴風《ぼうふう》駛《しゅう》雨　曽我」と記された思索ノートがあります。「暴風駛雨」とは、親鸞聖人の『高僧和讃』に「濁世の起悪造罪は　暴風駛雨にことならず」[41]とあるように、避けることのできない大嵐のような世の煩悩罪悪を指す言葉ですが、それが量深の現実そのものであったのでしょう。『精神界』では、これを題とした連載が、一九〇八年十月より始められています。ノートには次のような一節があります。

疑は力也

清先生曰く信ずるは力也　而も信独り力たるのみならず疑も亦力也
信の力は所信の人をして真に力あらしむ
疑の力は能疑の人をして真に力あらしむ[42]

量深は「信ずるは力」という清沢の言葉を憶念しつつも、嵐のような罪悪を身に感じながら、あくまで疑問を糧として思索を深めていくのでした。

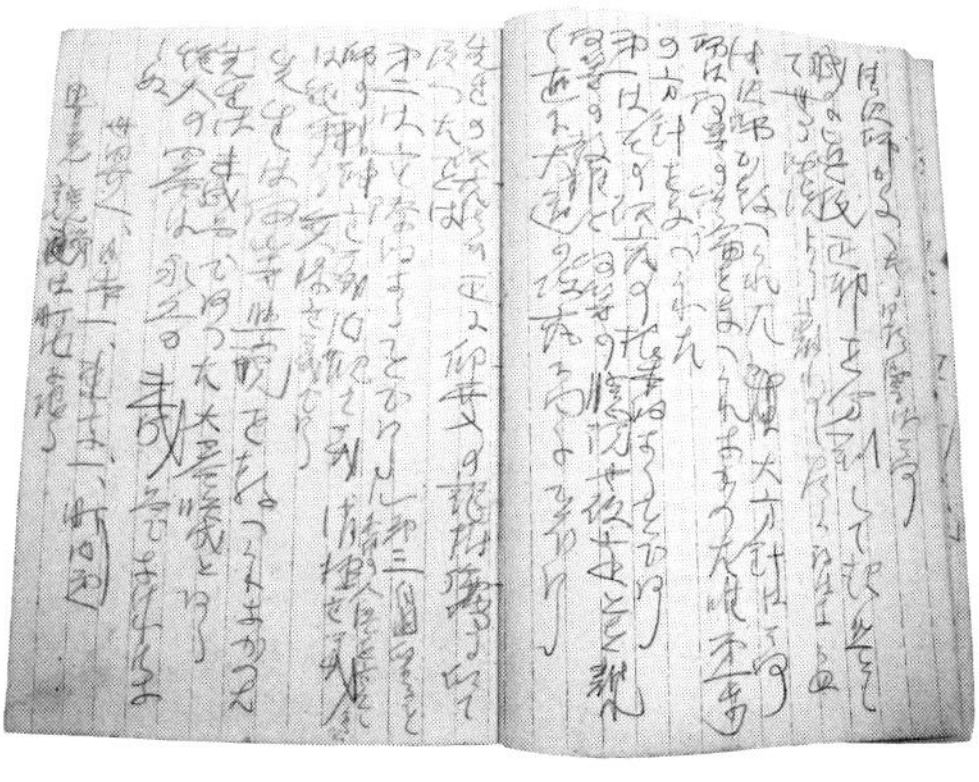

明治44年自筆ノート「千歳闇室　第壱号」、「清沢師が教えられた大方針」（浄恩寺蔵）

また「千歳闇室《せんざいあんしつ》　第壱号　曽我」と表紙に記される一九一一（明治四十四）年のノートには、清沢の研究のあり方について次のような確かめが記されています。

> 清沢師が教えられた大方針は云何
> 師は何等の結論を与えられなかった唯一歩の方針を与えられた
> 第一はその研究の根本的なることである
> 何等の教権と何等の臆説や仮定とを離れて直に大道の攻究に向うことである（中略）
> 第二は実際的なることである〈第三自由的なること／各自の人格を重んじたること〉
> 師の精神主義内観主義消極主義は純乎《じゅんこ》たる実際主義である
> 先生は何等学説を教えられなかった
> 先生は未成品であった大器晩成とある
> 絶大の器は永久の未成品でなければならぬ（中略）
> 先生の研究も信念も修養も凡て根本的独創的であった独断的伝承的仮定的ではなかった(43)

「師は何等の結論を与えられなかった」と、清沢は結論として何かの学説を教えたのではないのだといいます。直ちに大道に向かうその第一歩のあり方を教えたのであり、そこには教権や仮定を離れ、各自の人格を重んじた実際的自由的な研究が示されたのだというのです。念頭に置かれているのは、伝統を誇る宗学のあり方であったでしょう。

同時期には、金子大榮に対する書簡（一九一一年一月八日付）で、次のようにも記しています。

> 清先生は常に智慧円満を理想とせられしとやら　東京には一人も此方面を相承《そうじょう》出来そうの人は無之候　名利に動かささ《ママ》るようではとても智慧円満は駄目也　小弟なども責て此一方面を相承してと念じたることなきにあらねども　今はあきらめ申《もうし》候《そうろう》　是は正しく大兄にかかれる真使命と確信す（中略）今代にあるべくしてなきものは両眼人《りょうげんにん》に候　如来を信ずる信眼あると共に自己の現実を照知する智眼ある人に候　此信眼と智眼とを具したるは唯清沢先生であった（中略）「信ずるは力也」の言は唯清沢先生の上に真実也(44)

「六百五十回聖忌紀念」（一九一一年六月二日　於真宗大学庭前）二列目右から五番目に量深（浄恩寺蔵）

量深は、清沢は信と智とを具備した稀有《けう》な人であったといいつつ、東京で清沢を相承すべき人々のなかに、その智慧円満を得た人がいないといいます。名利に動かされており、清沢における自己の現実を照らす内《ない》観懺悔《かんさんげ》に対して、どこか誤魔化しがあるということでしょう。念頭にあるのは、おそらく浩々洞の同人であり、彼らに対して量深は厳しい眼を向けています。量深には「我等の胸裡は千歳の闇室である(45)」という自己の悲痛の事実を抜きに、救済を語ることはできなかったのです。

第六節　真宗大学の廃止

こうした確かめをする量深ですが、その背景には、当時の宗門が抱えていた大きな問題がありました。それは、東京の真宗大学と京都の高倉人学寮という、大谷派の二つの学校の関係をめぐる従前からの摩擦《まさつ》です。この議論は、真宗大学移西《いせい》説が噂されるまでになっていましたが、一九一一年四月に宗祖親鸞聖人の六百五十回御遠忌が厳修されるということで引き延ばしにされていました。なお、この御遠忌には、量深を含む真宗大学の面々も係を命じられ、記念講演などを行っています(46)。その雰囲気は、松岡譲《まつおかゆずる》の小説『法城《ほうじょう》を護《まも》る人々』下巻で垣間見ることができます(47)。

御遠忌後の八月下旬、本山の臨時議会で真宗大学の移西案が、「殆《ほと》んど寝耳に水(48)」のようなかたちで提出されました。そして「賛成二十六」「反対二十四」の僅差で可決されます。ここに東京の真宗大学は廃止となり、高倉大学寮と合併して、京都に真宗大谷大学が設置されることになりました。安藤州一は次のように回顧しています。

この移西の動機は、経済問題であったか。思想問題であったか、或は権力争奪の問題であったか、詳細の事は我等には洞察出来ぬが、表面上に見えたものは思想問題であった(49)。

いくつかの要因が絡《から》み合っての移西案でしたが、その可決を受けて量深を含む教職員は総辞職を決し、九月六日依願解職(50)、九月二十日に解散式を執り行いました(51)。量深は金子に宛てた葉書（一九一一年九月一日付）に次のように記しています。

昨日は遂に暴悪なる移西案（九月実行）は可決と相成《あいな》り申候　此にて母校は死し申候　此に付き私共も永く御暇《おいとま》を賜《たま》わることと相成候[52]

清沢が期待を込めた東京の真宗大学は、ここに廃滅となります。そして十月三日、量深も郷里越後へと帰ることとなりました。[53]

注

（1）『仏教統一論　第一編　大綱論』四五九頁。
（2）『曽我量深　明治三十五年論稿集　宗教の死活問題』一六頁。
（3）『曽我量深　明治三十五年論稿集　宗教の死活問題』一八頁。
（4）『曽我量深　明治三十五年論稿集　宗教の死活問題』一九頁。
（5）『選集』一・二九八頁。
（6）『樗牛全集』第四巻、八五七頁。
（7）『樗牛全集』第四巻、八六一頁。
（8）『樗牛全集』第四巻、一〇〇〇頁。
（9）『本化門下第一回専門夏期講習会講義録』（橘香会、一九〇二年一月）所収。同年二月単行本化。
（10）『無尽燈』第七巻第二号、八八頁。
（11）『曽我量深　明治三十五年論稿集　宗教の死活問題』八八～九五頁。
（12）『選集』一・三四二頁。
（13）『選集』一・三五〇頁。
（14）「近代真宗（大谷派）の歩みと宗学――曽我量深老学匠と茂田井教亨教授の対談記録」、『現代宗教研究所所報』第三号、一二三～一二四頁。
（15）『選集』二・六頁。
（16）『精神界』第四巻第三号、四七頁。
（17）『選集』二・四九頁。
（18）『選集』二・五〇頁。
（19）『選集』二・七九頁。
（20）『選集』二・八〇頁。
（21）『選集』二・八〇～八一頁。
（22）『選集』二・八二頁。
（23）『妙宗』第七編第六号、五七頁。
（24）『重増新訂　日蓮聖人伝十講』下巻（新潮社、一九三八年）附録。
（25）『精神界』第三巻第五号、同第一一号、同第一二号、第四巻第三号。
（26）『明治三十六年夏季講習会　仏教講話録』（大日本仏教青年会、一九〇四年）附録一〇～一三頁。
（27）『宗報』第三五号（一九〇四年七月二十五日）三～四頁。
（28）『真宗大谷大学一覧』（真宗大谷大学、一九一一年）五七頁。
（29）『宗報』第三六号（一九〇四年九月二十五日）四頁。
（30）『宗報』第三九号（一九〇五年三月二十五日）二五頁。
（31）『宗報』第六六号（一九〇七年四月二十五日）五頁。
（32）『選集』一・五一八頁。
（33）『選集』一・五一六頁。

(34)『精神界』第六巻第八号、四八頁。
(35)『精神界』第七巻第三号、五四頁。
(36)『精神界』第七巻第四号、五四頁。
(37)『精神界』第五巻第六号、五一～五三頁。
(38)『親鸞教学』第三号、一〇七～一〇八頁。
(39)『松原祐善講義集』第二巻、五九頁。
(40)『選集』二・一六四頁。
(41)『真宗聖典』五九七頁（初版四九四頁）。
(42)『浄土仏教の思想』第一五巻、一四八頁。
(43)『曽我量深　明治三十五年論稿集　宗教の死活問題』一一九～一二〇頁。
(44)『両眼人』一一～一二頁。
(45)「大闇黒の仏心を観よ」、『精神界』第一一巻第一号、『選集』二・三〇二頁。
(46)『宗報』大遠忌号（一九一一年六月十五日）。
(47)登場人物で「哲学者」と称される上杉のモデルが量深といわれている。
(48)上杉文秀「臨時議制局会議に於ける学校問題の顚末」、『大谷大学百年史〈資料編〉』四八八頁。
(49)安藤州一「浩々洞の懐旧」、『資料清沢満之〈資料篇〉』二五四頁。
(50)『宗報』第一二〇号（一九一一年九月二十五日）一〇頁。
(51)月見覚了「真宗大学の十年間」、『大谷大学百年史〈資料編〉』四八三頁。
(52)『両眼人』一四頁。
(53)『精神界』第一一巻第一〇号、六一頁。

第四章　郷里での沈潜と思索

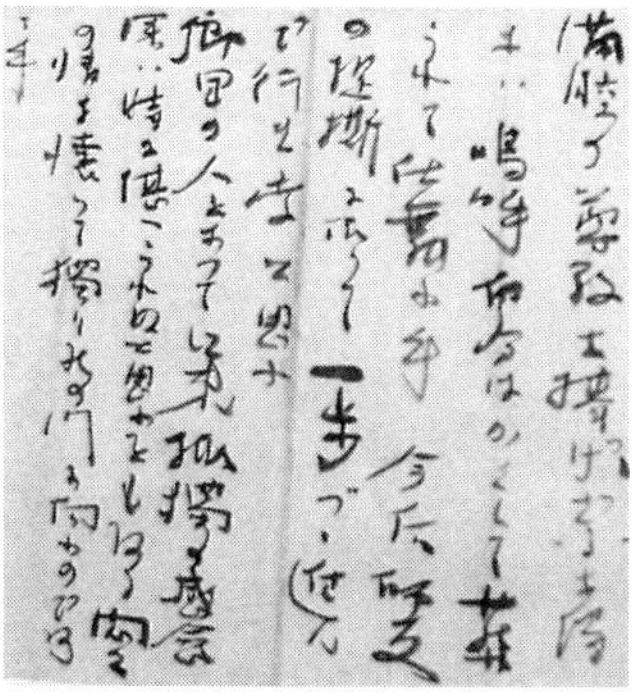

一九一二年一月十七日付・金子大榮宛書簡（曽我・平澤記念館蔵）

第一節　郷里の人となって

量深は、真宗大学の移西案が通過するや、教授を辞職し、郷里新潟の浄恩寺に帰りました。帰郷後、しばらくは論説を発表することはありませんでしたが、一九一二（明治四五／大正元）年一月十七日、金子大榮に宛てた手紙で当時の心境を次のように述べています。

> 特に田舎の人となって以来自分は全く死人である（中略）嗚呼《ああ》自分はかくして葬られて仕舞《しま》う乎《か》（中略）郷里の人となって以来孤独の感愈《いよいよ》深い　時に堪えられぬと思うこともある　悶々《もんもん》の情を懐いて独り死の門に向うのである乎[1]

東京での大学教授から田舎の人となり、「読経三昧」[2]の日々に量深は孤独と煩悶を抱えていました。しかし、その生活を続けるうちに、「今は忽然「久遠の田舎者」の自覚を得申候」[3]と頷くことになります。その率直な思いを暁烏は「食雪鬼、米搗男《こめつきおとこ》、新兵」と題して『精神界』（一九一二年三月号）に寄稿しました。

自分は昨年十月四日にいよいよ郷里北越の一野僧となり終りた。我郷土は雪の名所である。（中略）嗚呼自分は従来口には愚痴と云い、悪人と云うと雖ども、心には慥《たしか》に堂々たる宗教家、一箇深玄《いっこしんげん》の思想家を以て、密に自負しつつおるものである。（中略）然るに今大吹雪の中に発見せられたる自己は唯《ただ》一箇驚くべき物力に過ぎぬ。自分は年三十八歳、始めて、自ら白雪を呼吸する食雪鬼なるに驚いた。嗚呼此《この》食雪鬼、此れ七百年の昔、藤原の貴公子聖光院門跡、吉水《よしみず》の上足《じょうそく》たりし我祖の深き実験であつた。（中略）此自覚に入らしめん為に如来の本願修行がある。自分は今にして如来の願行の少分を実験させて貰《もろ》うた。(4)

常々「自分は愚痴・悪人」と口ではいいながら、心には「宗教家・思想家」と自負していた。ところが、田舎の大吹雪に身を置かねばならなくなると、そこにいるのは一箇の野獣・怪物にすぎないではないか。それは人生で初めて気がついた驚くべき事実であった。しかし、それこそ宗祖親鸞聖人自身も流罪によって実験されたことであり、この自覚が浄土真宗を生み出したのである。「自分は今にして如来の願行の少分を実験させて貰うた」と述べる量深は、この自覚を通して、改めて如来の本願修行の事実を探究していくことになるのでした。なお、この頃（一九一二年三月二十一日付）量深は浄恩寺の住職となっています(5)。

量深は一九一六（大正五）年十月に再び東京に出ていきますが、この郷里での生活は、実弟の曽我昇道が「京都の兄が今日あるのは、大正の初め見付の寺で五年間のあの生活が基です(6)」と述懐するように、量深の思想の基盤となるものでした。

第二節　捨て難き久遠の自力心

一九一二年七月の『精神界』に、量深は「我等が久遠《くおん》の宗教」という論考を発表します。ここで量深は、仏教の学問の意義を問い直しました(7)。

この論考は、数年前に伝聞したという近世の学寮講師である香樹院徳《こうじゅいんとく》龍《りゅう》にまつわる次の逸話を紹介することから始まります。新潟の三条別院で、徳龍は午前に真宗の講義を、午後に唯識の講義を行いました。しかし聴衆から、午前中で両方の講義を行ってほしいとの要望が出されたのです。徳龍は、それはいけないと厳しくいいました。この双方には天地の隔たりがあり、午前は他力の不可思議を深く味わい、午後には唯識により自力の無功を深く観なければならないというのです。

この逸話を紹介した量深は、唯識といった他宗の学問を学ぶのは、宗学を飾り立てるためではなく、「深く自己の現実を観顕《かんけん》し、自力の無効〔功〕を反照せんが為である」(8)と確認します。何故このことを確かめなくてはならなかったのでしょうか。量深は、近来の宗教界を次のように嘆じました。

> 多くの宗教家が口には自力無効〔功〕をさけんで、世の倫理修養や学問研究を叫びつつあるものに冷評をあびせかけつつあるに拘《かか》わらず、かく叫びつつある所の宗教家自身の現実実行は云何《いかん》と云わば、やはり自力無効〔功〕の空議空張のみにして、寧《むし》ろ世に超えたる自我主義の実行者に過ぎぬ。(9)

香樹院徳龍（一七七二〜一八五八）江戸後期に活躍した学僧。越後・無為信寺に生まれる。高倉学寮講師。香月院深励に師事。著書に『掟五常義略弁』、『僧侶三罪録』等。

自力の無功　存覚『六要鈔』に由来する。「自力無効」と表記されることもあるが、本来の表記は「自力無功」。

機の深信　善導大師が述べた「一には、決定して深く「自身は現に是れ罪悪生死の凡夫、曠劫より已来、常に没し常に流転して出離の縁有ること無し」と信ず」（『真宗聖典』二四二頁（初版二一五頁））という信心の自覚内容。法の深信とともに二種深信という。

宗祖親鸞聖人の明らかにした他力の信心とは、自力の無功を信ずるという面（機の深信）があります。しかし、自力無功を口にしながら世の倫理修養を冷評する宗教家に対し、口だけになっているのではないかと量深は指摘するのです。このことは宗教界に向けられていますが、その批判はまず自己自身を通して見出されたものであったことでしょう。問題は「衷心《ちゅうしん》より自力無効（功）の霊覚に達するの方法[10]」でした。そこで量深は、自身が学んできた唯識の意義を問い直したのです。

親鸞聖人が高僧として仰いだ一人である天親菩薩は「願生偈《がんしょうげ》」（『浄土論』）を著し、その冒頭で「世尊我一心　帰命尽十方　無碍光如来　願生安楽国[11]」と一心帰命を告白しました。しかもその天親菩薩は、生涯の最後に『唯識三十頌《ゆいしきさんじゅうじゅ》』を作ったと伝えられます[12]。量深はこの『唯識三十頌』を「師が久遠の秘密の告白[13]」と受け止めました。

『唯識三十頌』には、意識の底にある深層意識が説かれています。それは天親菩薩が接触した「孤独黒闇の真我」であり「此《この》真我をば、阿《あ》頼《ら》耶《や》識《しき》と名《なづ》くる[14]」と量深はいいます。その「最も深痛なる現実の自我」とは、「願生偈」において讃仰される如来の救済力に対し、これを否認しようとする自力の心であり、どこまでもその捨て難いことが懺悔されているのだというのです。量深は、天親菩薩の唯識の議論をこのように受け止め、「自力心の捨て難《がた》い」という沈痛の自覚にこそ「徹底的自力無効〔功〕観が成立する」(15)のだと論じるのでした。

第三節　如来は我なり

このように思索を深めていた一九一二年七月、量深は非常に重要な言葉を感得します。それは「如来は我《われ》なり」という言葉であり、それが一年後の一九一三（大正二）年七月、量深の思想変遷における画期というべき論考「地上の救主――法蔵菩薩出現の意義」として結実します。先取りになりますが、「地上の救主」冒頭の一節を見てみましょう。

私は昨年七月上旬、高田の金子君の所に於て、「如来は我なり」の一句を感得し、次で八月下旬、加賀の暁烏君の所に於て「如来我となりて我を救い給う」の一句を回向していただいた。遂に十月頃「如来我となるとは法蔵菩薩降誕のことなり」と云うことに気付かせてもらいました[16]。

このように量深は、如来と自己との関係を尋ねるなか、金子大榮や暁烏敏など道友たちとの交流を通して「如来は我なり」「如来我となりて我を救い給う」「如来我となるとは法蔵菩薩降誕のことなり」という言葉を感得し、そこに法蔵菩薩の意義を見出していきました。ちょうど明治から大正へと時代が移る頃、この「地上の救主」にいたるまでの量深の思索の展開を、しばらく見ていきましょう。

この頃、量深は『精神界』での連載「暴風駛雨」で、如来と自己との関係についての思索を発表していきました。一九一二年九月には「宗教上の「我」の名字」という小見出しで、次のように確かめています。

信ずるは我の自力、他力は信ぜらるる客境と、かく一往《いちおう》は主客は区別せらるるが、その実は信ずる「我」そのものが已《すじ》に他力回向の如来の大我であらせらるる。否《いな》一心帰命の信念是《これ》こそ我々の実証せらるる唯一の如来の本願力である[17]。

他力の信心とは、客体としての他力を信じるというよりも、一心帰命の信念が他力の現れそのものだというのです。このことは、蓮如上人の『御文』に基づく宗学上の論題である「機法の一体」や「仏心と凡心の一体」、あるいは清沢満之の「有限無限の一致体[18]」といった表現を通して深められていきました。

翌十月には、この仏心について「仏心は全く凡心を超越せる静寂の理に非ずして、凡心の絶対無功を観照して、之《これ》を抑廃《よくはい》せる活動的現実心である[19]」と記し、凡心の上に現実に活動するものとして捉えられています。具体的には「凡心を救済する仏心を以て、仏心に反抗する凡心を照すものである[20]」と、どこまでも反抗する凡心を照らすというはたらきです。それは単に自己が客体の如来を信じるのではなく、仏心によって久遠の凡心が照らされるという「主客の転換の妙事実」であり、「自己の相対有限を示すと共に、又自己が有限無限合一の霊体なる」を示すことであるとされました[21]。この合一が「如来、我となる」と言い表される内容ですが、重要なことは「我等は「如来は我也」の妙旨に驚くと共に、「我は畢竟《ひっきょう》我にして如来に非ず」と自覚す[22]」と、「我は如来に非ず」ということが同時に自覚されているところにあります。

第四節　法蔵菩薩の探究

「如来我となりて我を救い給う」と頷いた一九一二年の夏、量深は「加賀の一道友の宅に於て、生来初めて法蔵比丘《ほうぞうびく》五劫思惟《ごこうしゆい》の聖像を拝し、至純の親心と至純なる子心とを念じ給えるに深く胸を打たれ[23]」ました。この経験から「如来、我となる」という事態を、法蔵菩薩（法蔵比丘）という存在に見出すことになります。「あり体に白状すれば、法蔵菩薩の御名は私が久しい間、もてあまして居った所の大なる概念でありました[24]」と述べられるその法蔵菩薩に、量深は真摯に向き合ったのでした。

法蔵菩薩とは、親鸞聖人が真実教と仰いだ『無量寿経』において、阿弥陀仏の前身（因位）として説かれる存在です。ある国王が世自在王仏という仏の説法を聞き、発心・出家して法蔵と名乗りました。その法蔵は、あらゆる衆生を救済するために安楽浄土の建立を誓い、そのために四十八の願を立て、果てしない修行をし、これを実現させて阿弥陀仏となったと説かれています。

経典にはこのように説かれる法蔵菩薩ですが、親鸞聖人の『唯信鈔文意』では、「一如よりかたちをあらわして、方便法身ともうす御すがたをしめして、法蔵比丘となのりたまいて、不可思議の大誓願をおこして」と述べられています。法蔵菩薩は、かたちなき覚りの境界（一如）[25]からかたちを現して誓願を発したのだと受け止められているのです。

このような領解を受けてでしょう、量深は十一月発表の「暴風駛雨」では、「法蔵比丘の降誕は如来の人間化也」と題して、次のように論じました。

蓋《けだ》し「如来の救済」とは我等衆生を如来にすると云うことである。而《しか》して我々人間を如来の位に救い上げるが為めに如来は先ず御《おん》自《みずから》《ま》の如来の御座を捨てて人間世界に降誕し給いた。久遠の如来が衆生救済の為めに因位の一比丘法蔵とならせられたは、正しく人間を救わんが為めには先ず救わるべき迷悶の人間の精神生活を実験せんが為めに外ならぬ。否《いな》法蔵比丘の出現は正に如来が人間精神の究竟《くきょう》の実験である。此実験の告白が本願である。[26]

如来が衆生を救うために、まず如来がその位を捨てて人間となったのだと量深はいいます。つまり、人間の迷悶とは何なのかを如来が深く実験された、それが法蔵菩薩の出現ということであると確かめていきます。こうして『無量寿経』では、神話的に説かれていた法蔵菩薩の物語を、量深は「如来、我となる」という事態であるとして、現在の自身の迷いの主観上に求めていくのでした。そのことは「此法蔵比丘となり給うとは則ち一切の人間の真我となり給うと云うことである(27)」とも言い表されていくことになります。

こうして探究されていった如来と自己との関係は、さらに翌十二月、「真宗教義の三大綱目」として以下のようにまとめられました。

一、我は我也、
二、如来は我也、
三、(されど)我は如来に非ず(28)。

自己はどこまでも迷いの自己にほかならない(我は我なり)、それは如来を通して自覚される自己である(如来は我なり)、けれども自己が如来

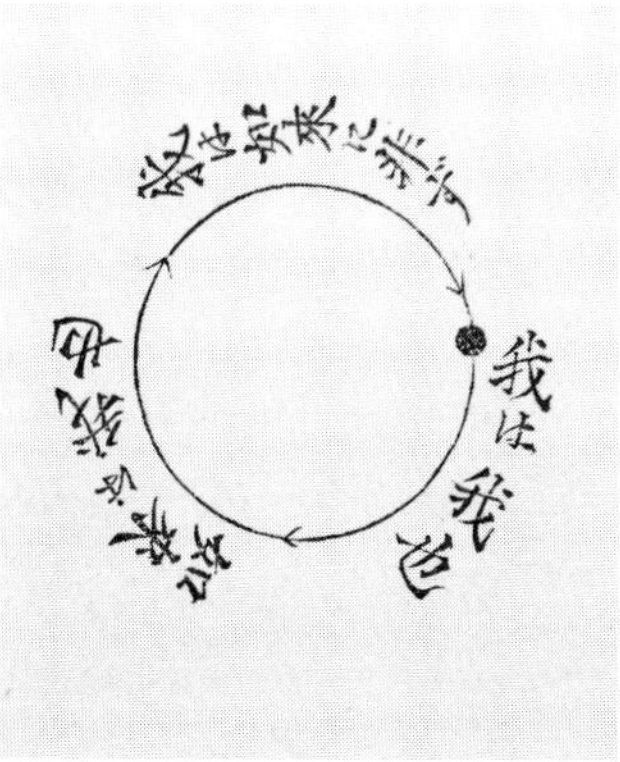

「真宗教義の三大綱目」(『精神界』第十二巻第十二号)

だと勘違いしてはならず（されど我は如来に非ず）、再び我は我なりの自覚に戻る。こうした三大項目の循環として、量深は真宗の教えの核心を捉えていったのでした。

第五節　「三願転入」の考究

この法蔵菩薩に関する思索を深めていくなかで、量深は同時にもう一つ、親鸞聖人の主著『教行信証』「化身土巻」において信心獲得の道程が告白された、いわゆる「三願転入《さんがんてんにゅう》」に関して重要な考究を行っています。「三願転入」は次のように説かれています。

> 是を以て愚禿釈《ぐとくしゃく》の鸞、論主の解義《げぎ》を仰ぎ、宗師の勧化に依りて、久しく万行諸善の仮門《けもん》を出でて、永く双樹林下《そうじゅりんげ》の往生を離る。善本・徳本の真門に回入して、偏《ひとえ》に難思往生の心を発《おこ》しき。然るに今、特に方便の真門を出でて、選択の願海に転入せり。速やかに難思往生の心を離れて、難思議往生を遂げんと欲う。果遂《かすい》の誓《ちかい》、良《まこと》

に由《ゆえ》有るかな。(29)

阿弥陀仏の四十八願には「十方衆生」に呼びかける願として、第十八・第十九・第二十の三つの願があります。親鸞聖人は、まず第十九願に誓われた諸行往生のあり方（仮門）を離れ、第二十願（果遂の誓）に誓われるあり方（真門）に入ったといいます。それは自力の諸行ではなく、念仏一行を修するものです。しかしその念仏を称えて救われていこうとするところに自力の心があるとされます。そして、その自力念仏からさらに第十八願に誓われた他力の世界（選択の願海）に入ったと語られています。

従来、「三願転入」の道程は段階的に捉えられ、それが親鸞聖人の生涯のいつの時期に当てはまるのかが議論されていました。量深は、この「三願転入」について、一九一三年一月の『精神界』にて「三願より発足して十重の一体に到着す」と題して論じました。この三願こそ法蔵菩薩が「我々衆生と直接に交渉(30)」する衆生救済の願であり、その大精神が徹底究明されなければならないからです。そこで量深は「三願転入なるものは誠に祖聖《そしょう》の自内証《じないしょう》の告白にして、決して、客観的の変化と執じてはならぬ[31]」と、従来のような親鸞聖人の生涯に当てはめる議論を批判し、独自の領解を表明していきました。

そこで特に重点が置かれるのは第二十願です。量深は、親鸞聖人の生涯において、法然上人の門下へ入った時をもって、「純自力の第十九願の境から純他力の第十八願に帰した」ということはできるとします。しかし、第十九願の行の廃捨とは異なり、「所謂廿《にじゅう》願の実験時代は客観的には祖聖にはないのである。されば三願転入の骨なる廿願の実験なるものは全く宗祖の深き主観の実験である[32]」と述べ、第二十願の自力の心は極めて微細な問題であり、祖聖親鸞の主観の実験であって、客観的に論じることのできないものであるとします。そして親鸞聖人が第二十願のあり方を出る時期について、「今、特に」と記されている点に触れて、次のように述べました。

されば廿願の自力念仏、心の自力の廃捨は過去一定の時期を定むることが出来ぬ。その廃捨は常に現今に限るのである。所以者何《ゆえはいかん》となれば、自力心の廃捨はもう主観の事実でありて、それは「徹頭徹尾捨て難き自力」の現実に触るる時にのみ廃捨の意義が味わるるか

らである。真の自力は「捨て得ざるを捨て得ず」と自覚するの意義に於て捨てたのである。(33)

第二十願の心の自力とは、その捨て難い自力が自覚されたその時においてのみ問題となるのだといいます。そのため、それは過去一定の時期ではなく、「常に現今」の問題だというのです。そしてその心の自力は、「捨てた」と思う人は捨てることはできず、「捨て得ない」として自己の久遠の自力根性に触れ、懺悔せしめられる時に捨てていることになるのだと確かめられていきます。すなわち、第二十願において「自己の深き自我妄執の力を反照せしめていただく(34)」のであり、そこに「極難信《ごくなんしん》の法なる如来の願海に返らせて貰う(35)」のだと量深は断じました。

こうした「三願転入」における第二十願の意義を極めて重視し、しかもそれを常に現今の一刹那《いっせつな》における懺悔の表明として把握する量深の受け止めは、以後の真宗教学において、さらには近代日本の思想・哲学界に広く影響を及ぼしていくことになります。

第六節　地上の救主

こうして如来と自己との関係を追究する量深は、そこに如来による人間の自我妄執の実験（法蔵菩薩の降誕）を見出し、その道程を三願発起の大精神（三願転入）として究明していきました。その思索を経て一九一三年七月、量深は論文「地上の救主――法蔵菩薩出現の意義」を発表します。

これまで見てきたように、量深は如来の救済を法蔵菩薩として確かめていきました。それはなぜでしょうか。当時の量深の問題意識は、「地上の救主」において次のように表明されています。

久遠の尽十方《じんじっぽう》無碍《むげ》光如来《こうにょらい》は我々の憧憬の対象、即ち我々の理想たるに止まり、単なる此を以て我々の救世主とすることが出来ぬ。（中略）救済は現実の問題である。現実の人生の主体なる自我の大問題である。（中略）久遠実成の法身如来は現実の自我の救済主ではない。

現実界の救主は亦《また》必ず現実世界に出現し給う人間仏であらねばならぬ。(36)

理想的に語られる阿弥陀仏（尽十方無碍光如来）は、あくまで憧憬の対象でしかなく、現実の苦悩する自我との接点がない存在に止まるというのです。量深はこの問題を、キリスト教の三位一体におけるキリスト、つまり隔絶したる神と人間とを結合させる存在の必要性を通して論じました。しかも史上の一個人たるキリストとは異なる法蔵菩薩のあり方を「彼は直接に我々人間の心想中に誕生し給いた」と述べ、人間の苦悩の心そのものとして捉えました。それは次のように言い表されています。

法蔵菩薩は我々の救主としては直に久遠の如来にて在ます、又至心《ししん》信楽《しんぎょう》の実験者として久遠の如来に向わせらるる時には直に我々衆生の主観の真我たる信心である。(37)

一面において久遠の如来である法蔵は、また信念の主体そのものである。この言明において、如来の救済は自己の信念そのものとして現実的に把握されたのです。その意義を量深は次のように確かめました。

世の一切の理想的宗教が「天の宗教」なるに対して、我法蔵菩薩の救済の宗教のみは、唯一の「地の宗教」でいらせらるる。「光の宗教」は数多い、「船の宗教」は唯我真宗ばかりである。我真宗のみ現実の宗教、真の救済の宗教である。(38)

天から降される救いの手ではなく、一切衆生を足元から立ち上がらせる大地としての宗教に現実の救済がある。法蔵菩薩の探究を通して、量深はこの大地性を見出したのでした。「地上の救主」の題は、まさにこのことを示しているのです。

第七節　郷里の祖先

ところで、この天と地との対比は、かつての「日蓮論」で「地涌《じゆ》の菩薩」を論じる際に語られていたことです。量深は、この法蔵菩薩論において、改めてその意義を捉え直したといえましょう。その契機は、本章の冒頭で確かめた郷里での生活実感にありました。

「地上の救主」発表後の一九一三年十一月、量深は「田舎寺の研究生活」を著します。「自分は現に北越の田舎の小庵《しょうあん》に住む所の田僧《でんそう》の身の上[39]」との言葉に始まるこの小論は、宗祖親鸞聖人の越後配流をテーマとしています。

私は我祖聖の出世の唯一の使命は『教行信証』製作にありと信ずる。而《しか》して此『教行信証』の御製作の根柢は正しく北越《ほくえつ》御配処《ごはいしょ》の深き御内観であると信ずる。真実の祖聖の研究生活は北越以後である[40]。

親鸞聖人の使命である主著『教行信証』製作は、三十五歳での流罪による配所越後における内観に基づくのだと量深はその信念を表明します。それはまさしく量深自身にとっての真の思索が、真宗大学辞任による越後帰郷から始まったことを意味しています。「一切の空念は一時に破壊せられた[41]」と親鸞聖人に託して語られた内容は、量深自身の実感にほかなりません。この論考の終わりには、次のような言葉があります。

王城に離れたる田舎の人々は全く救済の門戸を開かれて居らなかった。此れ特に祖聖が親しく田舎僧となって田園の宗教を建立し給いし所以《ゆえん》である。(42)

この言葉は、東京の真宗大学で思索していた内容が、全く郷里の人々を念頭においていない空念であったという量深の反省を示すものといえます。

一九一五（大正四）年一月の『精神界』には、量深が暁烏敏に宛てた「念仏は原始人の叫び也」が掲載されます。

私は親鸞を生み、親鸞の教に信順したるわが北越関東の祖先を念じます。

親鸞は北越に来りて始めて「十方衆生」の如来の本願を聞かれたのでありましょう。（中略）彼は北越に配せられて、始めて原始的なる十方衆生に遭い、此を呼ぶ所の如来の声を今更《いまさら》に驚かれたのでありましょう。（中略）

大兄よ、私共は徒《いたずら》に人を教えんとします。何故に先ず黙《もく》して教

を受けんとしないのであるか。親鸞はわが祖先に教えたのではなく、反《かえっ》て教を受けられたのであります。(43)

越後配流によって出会った人々、業報を忍受するその姿に、如来の本願に誓われた「十方衆生」を親鸞聖人は初めて見出した。その北越の祖先を憶念するのだと量深はいいます。具体的には、幼い頃より自身を育み導いた郷里の人々の姿が、量深の念頭に浮かんでいたことでしょう。そして同年三月の『精神界』に量深は「地涌の人」を発表します。いうまでもなく、『法華経』の「地涌の菩薩」がテーマの論考ですが、そこに次のような言葉があります。

私は地涌の菩薩とは『大無量寿経』の法蔵菩薩の大願海に印した「十方衆生」であると信ずる。(44)

大地から涌き出て、仏法を荷負する無量無数の名もなき菩薩たち、それは法蔵菩薩が誓った「十方衆生」である。このようにいうとき、もちろん量深の念頭には郷里の人々があったことでしょう。「地涌の人」の末尾では、日蓮上人が「地涌の菩薩」の代表である上行菩薩を自認したことについて、「かれの概念でつくりあげた地涌の菩薩なるものは依然として天降の化人であった」(45)といいます。しかしこれは、単に揶揄《やゆ》しているのではないのでしょう。実際には、かつての「日蓮論」において自身が論じた地涌の菩薩がただの概念でしかなかったこと、それが帰郷によって深く知らされたという反省にほかなりません。

都会の知識人の観念によって、真実の宗教性が語られるのではない。現実の救済、浄土真宗の大地性、それは帰郷による孤独と煩悶の実験における法蔵菩薩の発見と、その法蔵菩薩の誓いを体現する郷里の人々の生活を通して、量深に頷かれたものでありました。

第八節　再び東京へ――『精神界』の編輯

「如来は我なり」との頷きを得た量深ですが、それから活発に思索が展開していったかというと、必ずしもそうではありませんでした。一九一五年四月の『精神界』に掲載された「真仏国の聖衆《しょうじゅ》」では「一二三年

「第二回浩々洞講習会」（一九一四年七月三十日　松谷農園にて）後列左端が量深（浄恩寺蔵、部分）

前まで拝誦《はいじゅ》する毎に胸を躍らした『教行信証』特に化身土巻の痛烈の文字も、今は殆ど感じを動かすことがないのであります[46]」と告白し、翌五月の『精神界』掲載の「永久の往生人」でも「かつては「如来は我なり」の一句を得て現実界の救主法蔵菩薩の御姿に遭りの喜を感じたこともあったが此も過去の夢となった[47]」と吐露して、それからほぼ執筆の手は止まってしまいました。量深が再び筆を執るのは、翌一九一六（大正五）年十月以降、再び東京に出てからです。

　量深が帰郷して以降、東京の浩々洞《こうこうどう》の様子は様変わりしていました。新たな若いメンバーが入洞するなか、その中心であった三羽烏《さんばがらす》は洞を離れていきました。佐々木月樵は、一九一二年に京都の真宗大谷大学に改めて教授として着任。暁烏敏は一九一三年に妻の死を契機に凋落《ちょうらく》を経験。多田鼎は一九一四年に信仰の動転があり、『精神界』に「我は此の如く動転せり」「願わくば我が昨非を語らしめよ」を発表し、清沢との決別を表明していきます。浩々洞の出版を行っていた無我山房《むがさんぼう》の原子《はらこ》広宣《こうせん》との間に溝もでき、浩々洞の解散が考えられました。ただ月見覚《つきみかく》了《りょう》・関根仁応《せきねにんのう》による洞存続の希望もあり、一九一五年四月に金子大榮《かねこだいえい》が東京に出てこれを引き継ぎました。しかし、その金子も一九一六年九

金子大榮（東本願寺出版蔵）

金子大榮（一八八一～一九七六）
量深と同郷の新潟出身で、共に近代の教学の基礎を構築した真宗学者。大谷大学名誉教授。著書に『教行信証講読』、『彼岸の世界』等。

月、真宗大谷大学教授に就任し、京都へ赴くことになります。

そこで量深が金子の後任を引き受けることになりました。十月一日、「量深は遂に意を決して東上いたします[48]」と金子に葉書を送った量深は、宗門からこの日付で東京駐在が命じられました[49]。また九月には東洋大学の教授にも就いています。十月七日、暁烏に宛てた書簡で量深は次のように語っています。

> 大兄よ、自分は遂に東京へ来なければならぬことになりました。小生はご承知どおり雑誌編輯《へんしゅう》でさえ出来ぬ人間であり、特に久しく筆を絶って居ったものです。只《ただ》関根氏の恩愛や義理に引かれて、とに角《かく》東京に出た次第です[50]。

これによると、絶筆中の量深がこの責を引き受けるには関根仁応の意向があったようです。上京は量深にとって大きな決断でした。後年、この時のことを次のように述懐しています。

> 私の養父が生きておりましたんで、私が四十二才の時に寺にいるよ

りも――事情もありましたし、養父に許可を得て寺から出ると、独立するとこういう方針にしたんです。これは四十二才の時、大正五年であります。それから私は東京へ行って東洋大学へ勤めたんです[51]。

量深は養父・慧南と相談の上、この上京を機に淨恩寺を出て独立することにしました。なお淨恩寺は、一九一八（大正七）年に養子とした[52]実弟の昇道が継いでいくことになります。その後、昇道は一九二〇（大正九）年の夏には副住職に[53]、そして一九三八（昭和十三）年には住職となっています[54]。

当時の『精神界』は、量深の動向を「曽我兄は十月二日入京、十四日東京を発し、加賀の同人を訪ね、廿日一旦郷里に帰り更に京都の諸兄を歴訪して廿九日朝入京いたしました[55]」と報じています。量深は関係諸方を回り、今後の浩々洞と『精神界』について相談しました。そして『精神界』は量深の自宅（市外巣鴨町上駒込山王台一六三（現・東京都文京区））を編輯所とし、浩々洞については有形の家は解散し、理想的精神的団体にすることを決断しました。十一月九日、量深は金子に宛て、その所感を次のように述べています。

浩々洞と云う家は永久になくなるので、何とも云えぬ程胸がすっとしました、小生は最早《もはや》洞と云う家に居らぬのである　浩々洞は各自の主観の外にはないのである　我々は今後益々浩々洞魂を発揮して進まねばならぬのである　他の諸兄には何でもないことでしょうがたった一枚の札を捨ててしまえば何でもないのであります　何の事だと思いました[56]

ここから量深の第二の東京生活が始まります。しかし、その歩みも、決して平坦な道のりとはなりませんでした。

注

(1)『両眼人』一六頁。
(2)「伝道者」、『精神界』第一二巻第六号、五二頁。
(3)浩々洞宛書簡、一九一二年二月十三日着。『精神界』第一二巻第三号、六四頁。
(4)『精神界』第一二巻第三号、一四頁。
(5)『宗報』第一二八号(一九一二年五月二十五日)一〇頁。
(6)『選集』三(月報)五頁。
(7)大須賀秀道編『香樹院教訓集』第四編「逸伝百話」(法藏館、一九〇八年)三四～三八頁に見える。
(8)『選集』二・三六六頁。
(9)『選集』二・三六六頁。
(10)『選集』二・三六六頁。
(11)『真宗聖典』一四五頁(初版一三五頁)。
(12)基『成唯識論述記』、大正蔵四三・一二三二上。
(13)『選集』二・三六七頁。
(14)『選集』二・三六八頁。
(15)『選集』二・三六九頁。
(16)『選集』二・四〇八頁。
(17)『選集』四・三三三～三三四頁。
(18)『有限無限録』、『清沢満之全集』二・一三八頁。
(19)『選集』四・三三七頁。
(20)『選集』四・三三八頁。
(21)『選集』四・三三九頁。
(22)『選集』四・三四〇頁。
(23)「久遠の仏心の開顕者としての現在の法蔵比丘」、『選集』二・三七三頁。
(24)「地上の救主」、『選集』二・四〇九頁。
(25)『真宗聖典』六七九頁(初版五五四頁)。
(26)『選集』四・三四一～三四二頁。
(27)『選集』四・三五〇～三五一頁。
(28)『選集』四・三五一～三五二頁。
(29)『真宗聖典』四一八頁(初版三五六頁)。
(30)『選集』二・三七六頁、
(31)『選集』二・三八一頁。
(32)『選集』二・三八二頁。
(33)『選集』二・三八三頁。
(34)『選集』二・三八八頁。
(35)『選集』二・三八八頁。
(36)『選集』二・四一〇～四一一頁。
(37)『選集』二・四一五頁。
(38)『選集』二・四一二頁。
(39)『選集』三・五五頁。
(40)『選集』三・五九頁。
(41)『選集』三・五九頁。

(42)『選集』三・六〇～六一頁。
(43)『選集』三・六二～六三頁。
(44)『選集』三・六七頁。
(45)『選集』三・六八頁。
(46)『選集』三・六九頁。
(47)『選集』三・八〇頁。
(48)『両眼人』六九頁。
(49)『宗報』一九一六年十月号、一〇頁。
(50)『暁烏敏全集』第三部第二巻、一八六頁。
(51)「近代真宗（大谷派）の歩みと宗学——曽我量深老学匠と茂田井教亨教授の対談記録」、『現代宗教研究所所報』第三号、一一七頁。
(52)『浄土仏教の思想』第一五巻、二五三～二五四頁。
(53)『宗報』一九二〇年九月号、一一頁。
(54)『真宗』一九三九年一月号、四頁。
(55)『精神界』第一六巻第一〇号、八一頁。
(56)『両眼人』七一～七二頁。

第五章　再び教壇へ

第一節　還相回向の人、親鸞聖人

量深は、『精神界』の編輯を担うにあたり、巻頭に「告白」と題した文章を掲げます。そこで「私共は各自の本願に立ち還り、この際われ等の団体をその当初の大精神に復帰し、此大心海から現実の人生に出興したい願であります(1)」と再出発の意を表明しました。そしてその第一作として「祖聖《そしょう》を憶《おも》いつつ」を発表します。この論考で量深は、宗祖親鸞聖人に真向かいになりつつ、特に「還相回向《げんそうえこう》」について深く思いをめぐらせました。それは次の言葉に始まります。

> つねに妄念妄想に心のかきみださるる自分は親鸞聖人の上にわが原始の姿を見ることに依りて心の底から救われるのである。彼は何時でも自分が彼を念ずる時、何処よりか飄然《ひょうぜん》と自分の前に現われる。彼は往相回向の本願、還相回向の本願と云うことを云うて居るが、彼はその還相回向の本願の船に乗って、自由自在に生死煩悩の海に

溺《おぼ》れて居る所の自分の所に来る。(2)

「還相」とは、浄土に往生した者が、娑婆に還ってきて衆生教化を行うすがたを意味します。親鸞聖人は、如来の還相回向の本願に乗じて、私のところへやってきている。その還相のはたらきにおいて、量深に重要な契機と見定められたのが、「果たし遂げずんば（不果遂者）」という第二十願、果遂の誓でした。

「不果遂者」の仏願何と云う悲壮なる本願であろう。永久に現実生死の苦海に来還して、神通応化を示現し、茲《ここ》に仏道の道場を人生海に没せんとする所の、還相回向の仏願は「不果遂者」の意気の上にくまなく現われ来った。(3)

第二十願はどこまでも自力我執の心でしかない衆生を、決して見捨てず必ず覚りに導こうという願です。そしてこの果遂の願の実現のために、苦悩の娑婆に来還しようとする還相の願は現れたのだといいます。さらに量深は、親鸞聖人がこの第二十願意にある自力の心と向き合い続けた懺悔の姿勢全体の上に、われわれを教え導く還相という意義を発見していきます。

顧《かえり》みて祖聖が二十願に対する懺悔《さんげ》の声を聞け。（中略）祖聖の懺悔は誠に全人類十方衆生の永久常恒《じょうこう》の衷心の懺悔の代表である。祖聖は果遂の願の前に立っては単なる一個人たる五十二歳の親鸞でなくして、十方衆生の叫声を身に体現せる還相回向の人である。即ち現在の法蔵比丘その人である。十方衆生の闇の底に自己を見出した人でなくて、云何して此大懺悔が出ようぞ。[4]

祖聖親鸞の懺悔は十方衆生の闇を代表せる大懺悔であり、そこに還相の人という意義があり、それは法蔵菩薩そのものである。この量深の見方は、郷里での五年間の生活を通し、配流《はいる》の親鸞聖人を憶念して見出されたものでした。

一九一七（大正六）年二月、量深は『精神界』誌上で、金子《かねこ》大榮《だいえい》に向けて「教」に対する見解を発表しています。それが「自己の還相回向と聖教《しょうぎょう》」です。そこには「「教」と云う文字が何故かわれわれの間にさえも嫌われるようになった[5]」という状況がありました。この論文は、配流の身として北越の雪と共にある親鸞聖人を語ることから始まります。

危険思想の一人、国法の反逆者の一人として北越に謫配せられ、生来始めて現実に還来せる法蔵菩薩の御姿を拝せられた愚禿、此愚禿こそはわれの忘れ得ない祖聖の御姿である[6]。

このように量深が念じる祖聖親鸞は、北越配流の内観において「愚禿」を自覚した人でした。それは『教行信証』を製作した親鸞ではなく、北越の人々の姿の上に、還来せる法蔵菩薩を拝んだ親鸞です。その親鸞聖人をもって、「真実の全的還相回向の人格[7]」であると量深は確かめました。

こうした還相の人としての親鸞聖人観から、伝統的に死後の活動とのみ捉えられていた還相について、量深は独自の見解を表明していきます。

無上涅槃《ねはん》の霊境《れいきょう》は我の往相の行の究極の理想であるが、その涅槃の大用たる還相の利他《りた》教化《きょうけ》は遠き未来の理想であろうと思いきや、現に自己の背後の師父の発遣《はっけん》の声の上に、已《すで》に実現せられてある。われの伝道的要求は、我の教を受くる所に於て已に満足せられてある。(8)

従来の宗学において未来の理想としてのみ語られていた還相の利他教化、それはむしろ自己に対する師の発遣・教化の声の上に実現されている。自己のなすべき伝道は、自己が受けた教において満足している。そうして救済を求め、真実の教えを見出すところ、その意識の底に「不断の無意識の原始的欲求である所の、還相欲(9)」があるというのです。

これを阿弥陀仏の本願に見るとき、量深は第二十二願・還相回向の願の成就として真実教を位置づけます。そして、名号を衆生に届ける行願である第十七願・諸仏称名の願を挙げて、「彼の『大経』開説は静的には十七願に応じ、動的には二十二願に乗ずるのである(10)」と、二つの願の関係を領解しました。こうして量深は「教」について、第二十二願を通して釈尊が、そして全人類の歴史が自己の一心に「回向表現」したものとして、その力動性を言い当てていくのでした。このような量深の『精神界』での言説について、当時の読者の評には「氏の文字は、力づよい独自の力が溢《あふ》れ出でている。強い人格の光が、輝いている[11]」などと絶賛するものも見られます。

第二節　東京での活動

上京した量深は、『精神界』の編輯の他にも、さまざまな活動を行っていました。なかでも重要なのは、一九一七年四月の『精神界』で告知され、東京帝国大学山上御殿で毎月第二第四木曜日に行われた「教行信証研究会」です。院生であった鈴木《すずき》弘《ひろし》が趣意書を書き、東大の倫理学研究室を中心に、哲学の紀平正美《きひらただよし》、心理学の速水滉《はやみひろし》、城戸幡太郎《きどまんたろう》、作家の山本有三《やまもとゆうぞう》、さらには小野正康《おのまさやす》、宮本正尊《みやもとしょうそん》などの人々が参加した清新な会合であったと言います。一九二〇（大正九）年九月三十日に満講となり、その後は『大経』や『起信論《きしんろん》』、『成唯識論』の会も開かれたようです。この研究会については量深自身、「此を縁として自分の研究の歩を進め得るのを深く喜びます[12]」と述べています。『精神界』（一九一七年九月発行）に掲載された「回向の本願と選択の本願——行巻を読みて」などはその代表的な成果でしょう。参加者もこの会をきっかけにそれぞれ成果を発表していきました。

十二月からは、量深宅を会場に毎月六日に「同朋談話会」が開かれました。[13] また、一九一八年三月に量深が転居（東京府下滝野川町西ヶ原）すると、そこで同朋会と思潮研究会が開かれることとなります。[14] 同年四月からは日本大学の講師にもなり、一九二三（大正十二）年三月まで続けました。そこでは『大経』の講義をしていたといいます。[15]

上京当初から就いていた東洋大学教授は、帰郷する一九二四（大正十三）年三月まで勤めました。当時の東洋大学の学長は境野黄洋《さかいのこうよう》であり、教員として真宗関係では島地大等《しまじだいとう》、他にも和辻哲郎《わつじてつろう》や宇井伯寿《ういはくじゅ》、柳宗悦《やなぎむねよし》などが在籍していました。一九二一（大正十）年の担当課目を見ると、印度哲学の講義として「倶舎論《くしゃろん》哲学」（第一年）、「唯識哲学」（第二年）、「起信論哲学」（第三年）とあり、[16] また真宗講座として「三経交際」（第一年）、「七祖系統」（第二年）、「七祖系統」（第三年）と記録されています。[17]

一九一八年七月『精神界』発表の「五劫の思惟を背景として」の冒頭に、「私は偶然の事情に依って、馬鳴《めみょう》の『大乗起信論』と世親《せしん》の『唯識三十頌』の釈論なる『成唯識論』とを、同時に読誦せねばならぬこととなりました[18]」と述べていますが、この事情とは東洋大学の授業かも知れません。いずれにせよ、再び東京へ上った量深は、こうした場を通して思索を深めていくのでした。

しかし、その一方で、次第に行き詰まりを感じるようにもなります。一九一七年十月の『精神界』編輯雑記には次のように記されています。

毎月々々今度こそと思うのであるが、どうも快く筆が運ばない。同人諸兄は四方に健在して、各自の務《つとめ》に忙殺せられて筆を執《と》る意志の動く余地も無いであろう。自分は所謂記者に適せない。また記者と云うものは大嫌いである。自分は唯終日独りで思惟したいと願う。（中略）今後此雑誌をいつまでやって行けるか。[19]

量深自身の筆が動かず、また同人の原稿も集まらない。こうした状況のなか、減頁などで何とか発行は続けられていましたが、一九一九（大正八）年二月発行分をもって遂に量深は『精神界』から手を引きました。金子大榮に対し、「小生は久しく精神界の歴史と名字とに愛執して居ったのでありました　しかし今は致し方ありません[20]」とその胸中を述べて

『大地』第三号（大谷大学図書館蔵）

います。なお『精神界』は、無我山房《むがさんぼう》の原子広宣が同年十月までは続けたようです。

同年六月、量深は原子広宣の弟・広輾《こうてん》の至心書房から雑誌『大地』を新たに創刊します。第一号には刊行の辞となる「誕生まで」と「浄土荘厳の願心と願力」、第二号（八月）には「雑華を捧げて」を掲載しました。しかし、第三号（十月）には量深の論考は掲載されず、巻末の雑記欄に「是非に筆を執らばやと、意を呵《か》して見ても思うように、筆が動ません(21)」などと記すのが精一杯でした。再び量深は絶筆となってしまうのです。

くしくも同時期、宗門からは一九一九年十二月二十七日付で「嗣講《しこう》」の学階が量深に授与されました(22)。

第三節　再び帰郷、そして京都へ

一九二一（大正十）年十一月八日付の金子宛書簡に、次のような一節があります。

現在に於ての私は一小学究として私学講師として　或は無名私塾の主人として日々に青年の人達と語る者であります[23]

このように二年ほど筆を捨てた生活を送っていた量深でしたが、この頃から新たな動きが出てきます。金子大榮・山辺習学《やまべしゅうがく》・川野三郎・川野知恵子の希望により、量深の論集を発刊することになったのです。題は「救済と自証」と名づけられ、上京した一九一六年十一月以降の論考、および直近の講演筆記が収録されました。この題の意味するところを、後年になって量深は、次のように平易に語っています。

普通一般に仏法に自力、他力の教えがあり、自力は自覚自証の道、他力は仏の救いを教えると考えられているが、その時に於て（これは明治時代以来の事であるが）浄土真宗（仏教）の教えは、単なる救済の道にあらずして、救いを契機として仏の自覚に到達するのであると私は感じていたのであります[24]。

論集『救済と自証』は、一九二二（大正十一）年六月に丁子屋《ちょうじや》書店か

山辺習学（一八八二〜一九四四）赤沼智善・柏原祐義と共に尚羊社を結成し、雑誌『家庭講話』を発行。大谷大学長等を歴任。著書に『教行信証講義』（赤沼との共著）等。

『救済と自証』『見真』広告（『東洋哲学』第二九篇第十号）

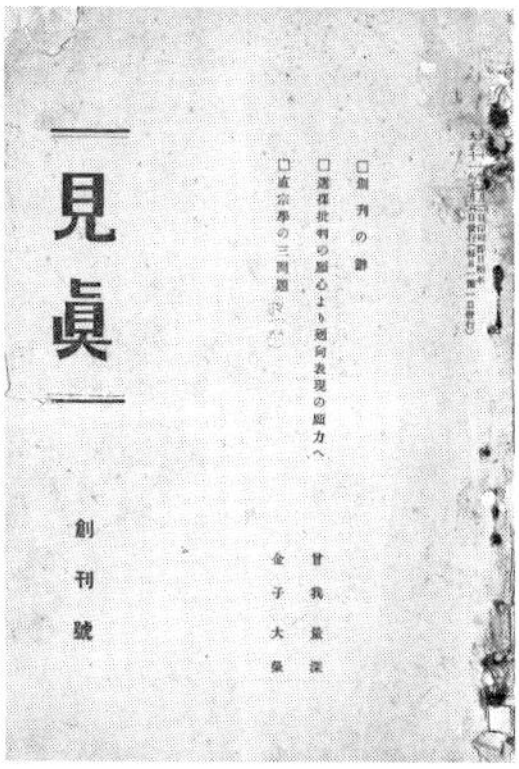

『見真』創刊号

ら刊行されました。その後、金子と二人で新たな雑誌を立ち上げる話が持ち上がります。雑誌名は『見真』に決まりました。量深の自宅（東京市小石川区駕籠町[25]）を発行所の見真社として、一九二二年十月六日に創刊号が発行されました。執筆にあたり「私は久しき筆不精《ふでぶしょう》の為に想の力は驚くべく下落しました[26]」と漏らす量深でしたが、大いに奮励していこうと意気込みます。そして、その創刊号に量深は「選択批判の願心より回向表現の願力へ」を発表しています。

しかし、この『見真』も長くは続きませんでした。第十一号を発行した一九二三（大正十二）年八月、金子に対し「小生の思想上の行づまりが根本機因[27]」と述べて廃刊の意を伝え、また同時に帰郷の意をも告げました。その直後の九月一日、関東大震災がおこり、終刊号を出すこともできず『見真』は廃刊となりました。

意気消沈の量深でしたが、金子は量深の第二論集の刊行に着手します。それは明治の末から大正の初めにかけて『精神界』に発表された量深の諸論考をまとめ、翌一九二四（大正十三）年六月に『地上の救主』（中外出版）と題され刊行されました。刊行に際し、金子は本書の意義を「真実に真宗を学ばんとするものは、一度は斯著の精神を通らねばならぬ[28]」

と語っています。量深の思索を現今の思想界に伝えなければならないという金子の思いが、そこにはあったのでしょう。

そうして論集編纂のさなか、年末頃より量深の妻・敬が病で臥《ふ》せることになります。量深は一九二四年三月に東洋大学を辞し、六月十一日に病床の妻を連れて「最善の方法をつくして[29]」郷里に帰ることになりました。すでに一九二二年六月二日に金子に宛てた書簡で「私は大正五年八月六日生母に別れ　八年二月廿四日義母を失い　九年三月十九日実父に別れ　今度（五月廿四日）義父に別れました　七年の間に四人の親を失いました　今度は一切の親に別れました　特に今度こそは一寺一家の責任を負わねばならなくなりました[30]」と語っていたように、養父・慧南をはじめ、郷里の親しい人は次々と亡くなっていました。

病床に伏せる妻の看護をする量深でしたが、八月五日、直前まで宗門の参務であり、教学事務主任であった関根《せきね》仁応《にんのう》が訪問してきます。それは京都の大谷大学への就職の切なる勧誘でした。家庭の現状を測りつつ、量深は「今は只先輩友人諸氏の懇情を難有《ありがたく》拝受するの外ない[31]」と金子に述べています。そして九月一日付で大谷大学教授に任命され、同時に東京駐在が解役となっています[32]。しかし、量深の念頭には、大学教員による自身への排斥の動きが懸念としてありました。

小生としては過去の宗学は実は将来の宗学の資料で宗学自体でないので　別に排斥《はいせき》するのでありません　それを彼等老朽者はそれを宗学だと誤認する為に小生をその否定者と思うのであります[33]

ただ、この懸念には誤解もあったようであり、その後は量深も前向きに考えていきます。

一九二五（大正十四）年二月二十六日、妻・敬はその最期、「静に安に[34]」息を引き取りました。葬儀、そして中陰の勤めを終えた後、量深は四月二十二日に郷里を発って、京都へ向かったのでした。

第四節　大谷大学の教壇に立って

一九五一（昭和二十六）年に行われた、量深の喜寿記念講演「象徴世界観」のなかに、次の一節があります。

私は二十七年前に、大谷大学に召されて教壇に立つことになりました。ちょうど大正十四年五月一日に宗祖の降誕会の講演会が開かれまして、その時に自分は、就任の挨拶を兼ねて一席の講演をしてくれ、という依頼を受けたのであります。この日は、午前に新入学者の入学宣誓式が挙行され、午後には私自身の入学の宣誓式が行われた。その時にはじめて私は壇に立った。私はその時にはじめて突然――豁然《かつぜん》と言いまするか――『教行信証』は「教」・「行」二巻と、以下の「信」・「証」・「真仏土」・「化身土」の六巻を二部に概括することが出来、「教」・「行」二巻は伝承《でんしょう》の巻、「信」・「証」・「真仏土」・「化身土」の四巻は己証《こしょう》の巻ということを豁然として知った、知ったというのではなくして、仏祖の御指導をいただいて知らしめられた[35]。

一九二五年五月一日、入学式の場で大谷大学の壇上に立った時に、量深は「伝承と己証」として『教行信証』を二分する見方を感得したというのです。それが、量深にとっての再出発となりました。

東京の真宗大学は、明治の末年に高倉大学寮と併合し、「真宗大谷大学」として京都に設置されることとなりました。その際、量深を含め教員一同は辞職しましたが、学生の運動などもあり、第二代学長の南条《なんじょう》文雄《ぶんゆう》や佐々木月樵《ささきげっしょう》などは復帰し、また金子大榮も教授となっていました。その後、大学令（一九一八年公布）に基づいた単科大学として、一九二二年に「大谷大学」の名称のもと再出発していくことになります。一九二四年には、佐々木月樵が第三代学長に就任し、西田幾多郎《にしだきたろう》や鈴木《すずき》大拙《だいせつ》など、宗門外の著名な学者も教鞭《きょうべん》をとる、新たな時代に向けた非常に充実した大学となっていきました。そこに満を持して量深が迎え入れられたのです。

量深を迎えたその五月一日、佐々木学長は入学宣誓式において「大谷大学樹立の精神」を告示します。そして仏教学を宗の専有物とするのではなく、世間一般に開放していくことを述べました。量深はこの佐々木の講演を「忘れることができない[36]」と後に語っています。

初年度の大谷大学での講義題目は、真宗学講座「二河譬《にがひ》に付て」、大乗仏教講座「了別《りょうべつ》と自証」でした。安田理深《やすだりじん》は、その講義を受けた所感を「私自身は先生の講義を拝聴する以前から、唯識の教学に魅力を覚えて、あれこれと瑜伽《ゆが》の論書をよんでいたが、「了別と自証」の講義を

西田幾多郎（一八七〇～一九四五）日本哲学の基礎を構築した哲学者。京都帝国大学教授等を歴任。その学問の流れは「京都学派」と呼ばれる。著書に『善の研究』等。最後の完成の論文「場所的論理と宗教的世界観」では親鸞思想に深く共鳴。

鈴木大拙（一八七〇～一九六六）本名は貞太郎。禅を中心とする仏教著作を英訳して、仏教文化を世界に紹介。晩年には真宗大谷派からの依頼を受けて『教行信証』を英訳。大谷大学教授等を歴任。著書に『日本的霊性』、『仏教の大意』等。

安田理深（一九〇〇～一九八二）生涯無位無官を貫いた仏教哲学者。曽我量深に師事。私塾・相応学舎を創設。著書に『言の教学』、『信仰的実存』等。

聞いて初めて唯識説の思想的本質にふれたように思い、わが道はここにあるの感銘を与えられたのを思い出す[37]」と述べています。

大学に身を置くようになると、すぐに多くの学生が量深のもとに集うようになりました。土曜日の晩、量深の自宅（左京区下鴨中河原町、後に東山区今熊野南日吉町に転居）を会場に、量深の話を聞く会がもたれ、『歎異抄』に始まり、『浄土論』『大無量寿経』『教行信証』が講義されました。この会は一九三三（昭和八）年三月に「鸞音会《らんのんかい》」と命名され、一九四一（昭和十六）年十二月まで続きます[38]。

学生の会とは別に、教授の間でも会がつくられました。量深と金子の二人を中心に仏座社《ぶつざしゃ》が結ばれ、一九二六（大正十五）年一月一日付で雑誌『仏座』が創刊されました。その創刊号に量深は「宗教原理としての弥陀の本願」を掲載します。同号の巻末には「雑華録」と題する同人のコメント欄があり、量深は次のように記しています。

> 私は大正十一年十一月金子氏の賛同を得東京に於て雑誌「見真」を刊行したが、自分の内生活の空虚の為、第十一号を以て廃刊の止むなきにいたり、私も亦重態の妻を具して郷里北越に没落するの運命

瑜伽　［梵］ヨーガの音写。心を制御する精神集中法などの実践のこと。ここでは、瑜伽行派においてなされた唯識教学の意味。

量深の話を聞く会　初期メンバーは伊東恵、寺本恵真、駒月陸、訓覇信雄、松原祐善、武田香龍、塚本正策、吉田浄観、坂木恵定、坂東環城、山田亮賢、佐々木悠など。松原祐善「鸞音会のころ」参照。

仏座社　そのメンバーは、林五邦、梶浦真了、名畑応順、正親含英、安田亀治（理深）、木場了本、広瀬南雄、日野環。『仏座』創刊号巻末を参照。

『仏座』創刊号

となった。愛護の力も足らずして妻は遂に逝き、私は寂しい心をいだき、満二十四年目にこの洛の地に来たが、ここには孤独なる私の境遇に同情し、達成せられざる私の志願に同感する多くの友がある。その中なる数名の人達のくわだてられたる聖教読誦の会に参加するだけさえ光栄であるのに、今や純真なる宗教的要求に参入し、その行願を聞かんがためにこの『仏座』の発刊せられ、その一眷属たるを得たことを、どうして喜ばずに居られましょう。希《ねが》くは徒《いたずら》なる学究と伝道とを超て我々の各々の宗教経験を通じて如来の超世の悲願に直入したいと思う(39)。

『仏座』は、一年後には「申し尽しがたい(40)」事情により同人の多くが脱退することになり、金子の個人雑誌となっていきます。ただ、「精神的には協同雑誌(41)」であるとして、その後も量深の講演録などは掲載されました。

また一九二六年十一月、関根仁応の世話により、量深は新潟県北蒲原郡加治川村の地主・白勢《しらせ》孝一郎《こういちろう》の娘、小春《こはる》と再婚しました。一九二八（昭和三）年には、子息・信雄《のぶお》が誕生します。量深は非常に子煩悩であったらしく、信雄は「母が旧家の出身で世事に疎いこともあって、父はよく私の世話をしてくれました。（中略）何とかして一人前の人間に育て上げようと深い愛情を注いでくれました[42]」と回顧しています。

第五節　異安心問題

新たな形で進み始めた大谷大学でしたが、急遽《きゅうきょ》、転機が訪れます。それは一九二六年三月、誰も予期していなかった、学長・佐々木月樵の急逝でした。そして佐々木が没した頃から、大谷大学の方向性も混迷に向かうこととなります。佐々木の後は村上専精《むらかみせんしょう》が、次いで一九二八（昭和三）年四月には稲葉昌丸《いなばまさまる》が学長に就きました。この時代に大谷大学を揺るがす大問題が顕在化しました。それが金子大榮・曽我量深をめぐる、いわゆる異安心《いあんじん》問題です。

金子は新たな大谷大学の真宗学を代表する人物でした。新制の大学昇格を記念する会で、金子は「真宗学序説」という題で講演をします（後に単行本として刊行）。それは近世以来の宗学の伝統に対し、新たに真宗

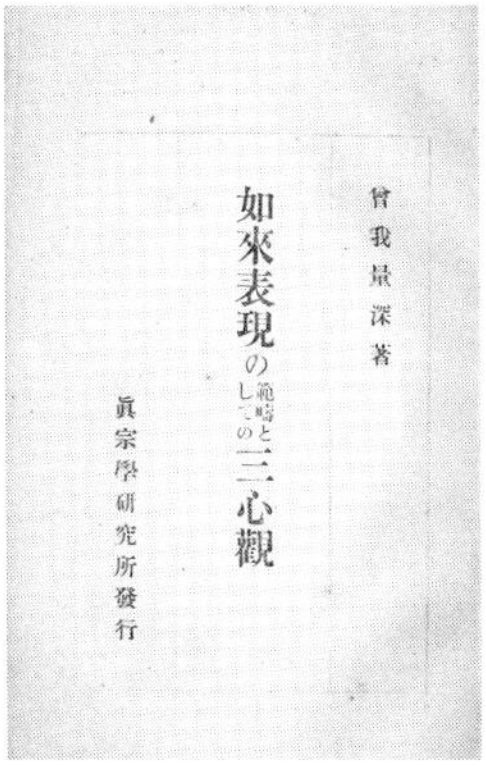

『如来表現の範疇としての三心観』（真宗学研究所、一九二七年）本扉

学の学問的基礎づけを行おうとするものでした。その真宗学の研究として、金子は浄土をテーマに『浄土の観念』（文栄堂、一九二五年）、『真宗に於ける如来及《およ》び浄土の観念』（真宗学研究所、一九二六年）という講演録を刊行します。そこではまず「自覚の内容として浄土というものはどういう意味を持つか」(43)という問いが尋ねられました。

量深も自らの思索として『如来表現の範疇《はんちゅう》としての三心観』（真宗学研究所、一九二七年）を発表しました。この講演録では、法蔵菩薩の第十八願にある至心《ししん》・信楽《しんぎょう》・欲生《よくしょう》の三心について、親鸞聖人の『教行信証』「信巻」での推究に基づき、『唯識三十頌』の阿頼耶識《あらやしき》の三相と照らしての考究がなされました。

> 自分は愚直であるものだからして、其の法蔵菩薩というものの正態を、どうしても自分の意識に求めて行かないというと満足出来ない。段々求め求めて私は遂に『唯識論』の中にある所の阿頼耶識というものに於て法蔵菩薩を求め得たと同時に、又『唯識論』の阿頼耶識というものは何であるか、こういう工合《ぐあい》に考えて、私は『大無量寿経』の法蔵菩薩に於て之を求めた。(44)

私は一般的なる真宗学の話をするのでも完成せる唯識学の話をするのでも無い。自分は現在の自分の意識の事実の話をするのである。だからして意識の体験を離れたる真宗学でも無いし、宗教的認識と交渉なき唯識学でも無い(45)。

このような金子や曇深の自覚・意識を通した思索が、誤った宗義解釈の疑いがあるとして問題視されるようになりました。発端は一九二七年十一月、有力門徒で構成される会計評議員会で、「大学に宗意違反の者がいるので廃校にしては」という議論が起こったことでした。そのことが、宗意・学解について審議する機関である侍董寮《じとうりょう》に伝達され、大学当局に問題が伝えられました(46)。その後には、大学の予算が減らされていくことになります。この時、直接問題になっていたのは金子でした。

金子は辞表提出を余儀なくされ、一九二八年六月十二日に大谷大学教授を辞任します。その後、僧籍も返上することにもなりました。金子の辞任直後から、村上専精と多田鼎《ただかなえ》の二人による金子への激しい批判が宗教新聞『中外日報』誌上に掲載され、論争となっていきます。その批判は単に金子一人だけにではなく、「序《つい》でに曽我君も此際《このさい》金子君と進退

『大谷大学新聞』第一一二号（一九三〇年五月一〇日、大谷大学図書館蔵）

を共にせられてはどうだ(47)」と量深にも向けられました。金子の辞任直後、量深も学長の稲葉昌丸に辞表を提出しましたが、稲葉学長はこれを受理しませんでした。

金子の辞任で一応の決着がついた本事件でしたが、その二年後、今度は量深に宗義違反の疑いが持ち上がります。一九三〇（昭和五）年三月、教学部長の下間空教《しもつまくうきょう》が量深と面談し、量深は辞意を決しました。四月三十日付で量深は「依願免役務(48)」となっています。六月には大学教職員総辞職、学生総退学という事態にまでなりました。

辞任当時の量深の談話があります。

私が宗門から容《い》れられないと云う事は久しい以前からの事でした。安心だとか異安心だとか云うが、私自身から云えばそう云う事を云う事それ自体が冒涜《ぼうとく》だと思うのです。安心と云うことそれ自体がどう云うものであるかそれから吟味してかからねばならぬ(49)。

すべてがこれで決まってしまいました。故佐々木学長が亡くなられて佐々木さんの理想の火が消えて金子さんも私も既に大学に存在を許されなくなってしまったのです(50)。

ここには、単に金子や量深の主張や方法論の正当性というだけでなく、既成教団における教権と自由討究の相克という問題が大きく焦点化されていました。さらには有力門徒の存在や大学の経済的独立、また学者間の個人的関係性など、本問題には様々な側面がありました。

ところで、本願の三心と阿頼耶識《あらやしき》を照らし合わせるという量深のいわゆる「法蔵菩薩阿頼耶識論」は、量深没後にも仏教学者の平川彰《ひらかわあきら》によって厳しく批判されることになります。平川が取り上げたのは、量深の米寿記念講演『法蔵菩薩』(同朋舎、一九六三年)ですが、平川は法相《ほっそう》宗の教理において阿頼耶識は妄識《もうしき》とされており、法蔵菩薩をこの妄識と結びつけることはできないと指摘します。そして、あえていうなら、法蔵菩薩は如来蔵《にょらいぞう》と見るべきであると提唱したのです(51)。

ただ、この点については、量深自身も再検討をしています。一九六〇(昭和三十五)年の真宗大谷派の安居本講で、量深は『教行信証』「信巻」を講じました。そこで唯識説において、雑染《ぞうぜん》・迷いの位の阿頼耶識に対し、清浄の位の阿摩羅識《あまらしき》が説かれていることを確認した上で、法蔵

『法蔵菩薩』 一九六二(昭和三十七)年十月二十五・六日、教学研究所東京分室第十六回教学講座での講演。なお講題は、量深自身ではなく主催者側の希望による。

『興法』創刊号

月刊 興法 第一年 創刊號 1931 3月号

松原祐善（一九〇六〜一九九一）
大谷大学予科二年で曽我量深と邂逅、生涯にわたり師事する。大谷大学長等を歴任。著書に『親鸞と末法思想』等。

菩薩について「法相唯識の阿頼耶識と違うのでありましょう。（中略）阿摩羅識なのでしょう。阿摩羅と阿頼耶と一緒になったものでしょう」など説いています[52]。このように量深の領解にも振り幅がありました。

この「法蔵菩薩阿頼耶識論」の意義については、さまざまに賛否が向けられていきますが、近年において「大胆な神学的試みがなされたということは画期的[53]」といった評価もされています。

第六節　興法学園

その後、量深と金子を慕う学生により、一九三〇年九月、興法学園《こうぼうがくえん》（京都市左京区鹿ケ谷）が創設されます。中心メンバーの安田亀治《やすだかめじ》（理深）、北原繁麿《きたはらしげまろ》、松原祐善《まつばらゆうぜん》、山崎俊英《やまざきしゅんえい》の四人が共同生活を始め、量深と金子の指導を仰ぎました。一九三一（昭和六）年三月には、機関誌『興法』が創刊されます（翌年七月に第十六号で廃刊）。創刊号で山崎は「学園が生れてから我等に二つの問題が与えられました。一つはマルキシズムの問題であり、他は回心《えしん》の問題であります[54]」と記しています。彼ら学生たちは、時代・社会の苦悩に敏感に反応しつつ、道を模索していました。この興法学園は、一九三三（昭和八）年に金子が広島文理科大学の講師に着任し、広島へ移住するまで続けられました。

一方の量深は、大学辞任後、浪人生活を送っていました。「たまに講演旅行などに出かける以外は殆《ほとん》ど家にいて」[55]と子息・信雄は追憶していますが、この興法学園以外にも、前述の鸞音会をはじめ、全国各地の在野で量深を慕う者たちによって種々の会が結ばれました。当時の出版物としては、一九二七年に広島で講演した「宗教的信が内に展開する願の世界」が、一九三三年に大東出版社から『本願の仏地』の題で刊行されました。また一九三四（昭和九）年五月に金沢・仏地会で講演した「本願の内観」は、同年七月に同会より第一・二講が刊行され、一九三六（昭和十一）年に丁子屋書店より全講が刊行されています。

時代は大正から昭和へ移っていきます。貧困など社会問題が顕在化してくるなか、マルクス主義の隆盛、世界恐慌、そして満洲事変など、世界的規模で時代は大きく動いていました。その状況下に量深も身を置いていたのです。

注

(1) 『選集』四・三九三〜三九四頁。
(2) 『選集』三・九五頁。
(3) 『選集』三・一〇九頁。
(4) 『選集』三・一一九頁。
(5) 「編輯室独語」、『選集』四・四〇三〜四〇四頁。
(6) 『選集』三・一五四頁。
(7) 『選集』三・一五五頁。
(8) 『選集』三・一五六頁。
(9) 『選集』三・一五七〜一五八頁。
(10) 『選集』三・一六九頁。
(11) 松山亮「大谷派内の思想家(1)」、『救済』第八巻第四号(一九一八年)三四頁(復刻版第八巻)。
(12) 「編輯雑記」、『選集』四・四二八頁。
(13) 「編集室より」、『選集』四・四四一頁。
(14) 『精神界』第一八巻第三号、広告。
(15) 一九二〇年十月二十九日付金子大榮宛封書、『両眼人』一三四頁。
(16) 『東洋哲学』第二八篇第二号(一九二一年)五〇〜五三頁。
(17) 『東洋哲学』第二八篇第三号(一九二一年)五二頁。
(18) 『選集』三・三〇七頁。
(19) 『選集』四・四二七頁。
(20) 一九一九年三月二十一日付金子大榮宛封書、『両眼人』一一五頁。
(21) 『大地』第三号、四三頁。
(22) 『宗報』一九一九年十二月号・一三頁、『宗報』一九二〇年一月号・一六頁。
(23) 『両眼人』一四九頁。
(24) 『真宗教学の中心問題』二頁。
(25) 一九二一年四月頃に転居。『東洋哲学』第二八篇第四号(一九二一年)四六頁。
(26) 一九二三年九月二十日付金子大榮宛封書、『両眼人』一七八頁。
(27) 一九二三年八月二十二日付金子大榮宛封書、『両眼人』二一六頁。
(28) 「真宗学の将来(中)」、『中外日報』一九二四年六月十日付。
(29) 一九二四年六月五日付金子大榮宛封書、『両眼人』二三一頁。
(30) 一九二三年六月二日付金子大榮宛封書、『両眼人』一六一頁。
(31) 一九二四年八月二十三日付金子大榮宛封書、『両眼人』二三五頁。
(32) 『宗報』一九二四年十月号・一〇頁、一三頁。
(33) 一九二五年一月二十八日付金子大榮宛封書、『両眼人』二四三頁。
(34) 一九二五年三月六日付金子大榮宛封書、『両眼人』二五二頁。
(35) 『選集』一一・一八四～一八五頁。
(36) 「大谷大学のあゆみ」、『大谷大学百年史〈資料編〉』六〇四頁。
(37) 「自覚の教学」、『選集』八(月報)三頁。
(38) 「相応学舎略年譜」、『人間像と人間学』一八九頁。
(39) 『選集』四・四八〇頁。
(40) 金子大榮「改刊の辞」、『仏座』第一三号(一九二七年一月)三頁。
(41) 金子大榮「改刊の辞」、『仏座』第一三号(一九二七年一月)四頁。
(42) 曽我信雄「わが父を語る」、『説教集』月報六・六頁。
(43) 『浄土の観念』六頁。
(44) 『選集』五・一五八頁。
(45) 『選集』五・一六七～一六八頁。
(46) 『斎藤唯信遺稿　松堂九十年史』六八頁。
(47) 村上専精「東本願寺の安心問題(三)」、『中外日報』一九二八年六月十五日付。
(48) 『真宗』一九三〇年六月号・達令三頁。
(49) 『中外日報』一九三〇年四月二十四日付。
(50) 『中外日報』一九三〇年五月一日付。
(51) 平川彰「如来蔵としての法蔵菩薩」、『恵谷先生古稀記念　浄土教の思想と文化』。
(52) 『教行信証「信の巻」聴記』、『選集』八・七三～七六頁。
(53) 立川武蔵『仏教史』第二巻、三三五頁。
(54) 『興法』創刊号(一九三一年)八頁。
(55) 曽我信雄「わが父を語る」、『説教集』月報六・六頁。

第六章　戦争の時代

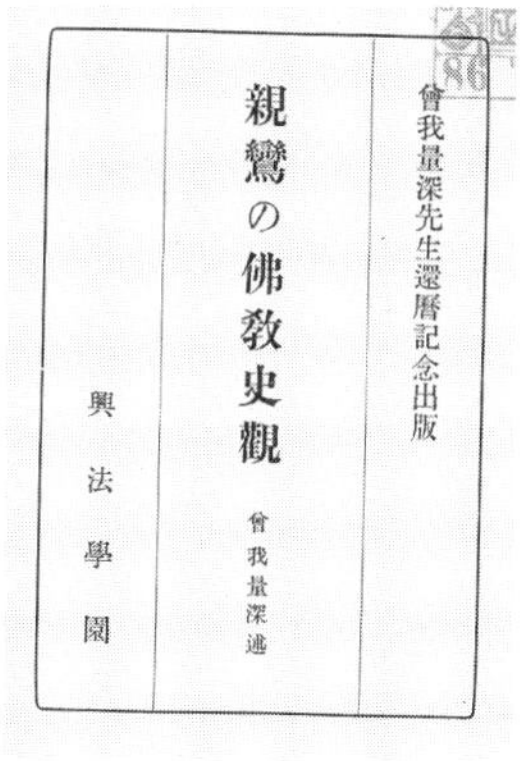
曾我量深先生還暦記念出版

親鸞の佛敎史觀　曾我量深述

興法學園

『親鸞の仏教史観』（興法学園、一九三五年）本扉（部分）

『親鸞の仏教史観』（興法学園、一九三五年）口絵より転載。

第一節　親鸞の仏教史観

一九三五（昭和十）年五月十日から十二日に至る三日間、京都の山口会館で量深の還暦記念講演が行われました。演題は「親鸞の仏教史観」。興法学園同人が主催で、参聴者は毎日四百名あまりがいました。開会の挨拶で金子大榮が、量深の意義を次のように述べました。

若《も》し先生がお出でにならなかったならば、吾々《われわれ》は本当に仏教と云うものを理解することが出来たかどうか、本当に浄土真宗と云うものを自分の身に著《つ》けることが出来たかどうかと云うことを思ってみますと云うと、若し今日生れ合せなかったならば、恐らく私共は此長い間の仏教の本当の伝統の精神を唯因襲《いんしゅう》のままで受け取って居るか、或はどうしても受け取ることが出来なくて迷うて居るか、どちらかに終ったであろうと思うのであります。それが仏祖の精神と云うものを本当に其《その》一分でも受け取ることが出来るようになったと言

うことは、これは何と申しましても先生が出られました同じ時代に生れた所の私共の幸福でありましょう。(1)

その講演の初めに、量深は演題に関して、親鸞聖人が浄土真宗を開いたというのは一体どういうことなのかと問題提起します。そして、その問いに対し、量深は自ら次のように応えました。

然《しか》るにふと感得したことは、浄土真宗と云うのはこれは親鸞の体験せられた新しき仏教史観であったのである。(2)

量深によれば、親鸞が浄土真宗を開いたのは、二千年の仏教展開の歴史を一貫する根幹に眼を開いたことであるというのです。その歴史観は、明治以来の仏教研究における根本仏教から小乗仏教、そして大乗仏教へという発展の歴史ではないといいます。「所謂《いわゆる》仏教史と云うものは釈尊に始ると云うことは正当であります。併《しか》しながら其仏教は仏教史以前に仏教の根源がある」(3)と、釈尊以後ではなく釈尊以前、釈尊の背景を見よというのです。

親鸞に依れば仏教史の根幹は『大無量寿経』である。仏教の歴史は『大無量寿経』流伝の歴史である、[4]

親鸞に依れば『大無量寿経』の法蔵菩薩の伝説、之が釈尊を生み出した所の純粋の背景でなかったであろうか、[5]

仏教は釈尊に始まるには違いないけれども、その背景に如来の本願があり、その本願展開の歴史として仏教はあると量深はいいます。そしてその仏教の歴史の事実原理として、特に第十七の諸仏称名の願の意義を強調していきました。

こうして量深は、「吾々の真の仏道の自覚は念仏の歴史の中にあって、而《しか》も此事業に参加して行くこと[6]」として、次のように講演を結びます。

惟《おも》うに念仏を正信すると云うことは念仏伝統の歴史より生れて、念仏の世界に於て、念仏の歴史を超えて、却《かえ》って念仏の歴史を作り、念仏の歴史の不滅の法燈《ほうとう》を証明する事業であります。(中略)私共は正に法蔵菩薩発願《ほつがん》の初一念《しょいちねん》に立たしめられ、茲《ここ》に新たなる真実の念

「曽我先生還暦紀年会終了後同先生宅前にて」（一九三五年五月十二日）前列右から関根仁応・曽我信雄・曽我量深・金子大榮。『山崎俊英遺稿』（開神舎、一九三八年）より転載。

仏の歴史は正に創《はじ》められる。（中略）斯《か》くして吾等はやがて念仏伝統の歴史の諸仏の一位を占むることとなる。(7)

念仏とは、個人勝手な独りよがりな己証ではない。念仏の伝統の歴史に身を置き、その歴史の本源である法蔵菩薩の発願の初一念を見出すことにおいて、新たな歴史創出の事業に参加していく。ここに正信の自証があり、そのことを親鸞は浄土真宗として明らかにしたのだと量深は語るのでした。

なお、量深が「親鸞の仏教史観」をテーマに講演を行った背景には、まず若い頃から向き合ってきた「大乗非仏説」の議論があり、それを唯《ゆい》物論《ぶつろん》に基づく歴史観として批判的に捉えていました。ただ、より直接的な契機となったのは、一九三二年十二月十日から『読売新聞』に連載された「学問と信仰と実践について」という座談会です。これは仏教者とキリスト者とによる座談会であり、仏教側からは大谷派の量深と金子、本願寺派の梅原真隆《うめはらしんりゅう》、禅の鈴木大拙が出席しました。そこで量深が痛感したことは、キリスト教には確実な歴史観があるのに対し、仏教側は「何等明瞭なる歴史観の根拠なく徒《いたずら》に各自の雑然たる主観的意見の陳

梅原真隆（一八八五～一九六六）龍谷大学教授となるも、大学問題の責任を取って辞職。顕真学苑を創立。後に本願寺派執行、勧学寮頭、富山大学学長等を歴任。著書に『真宗提要』、『歎異鈔講話』等。

列に過ぎなかった(8)」ことでした。量深の思索は、こうした当時の状況を踏まえて深められていったものでした。

「親鸞の仏教史観」は、同年末に単行本として出版され、量深の代表的著作となっています。この還暦記念講演から量深の新たな歩みが始まりました。ただしその一方でこの講演録には、釈尊以前の仏教を語る際に、その例えとして日本精神を挙げて、法蔵物語と日本神話とをパラレルに位置づけている点や、阿弥陀仏とわれわれ（民族）との関係を祖先と子孫の関係で語っている点など、現代から見ると違和感を覚えざるを得ない内容も見受けられます。それらの語りは、やがて戦争が激化していくにしたがい、さらに強調されていくことになります。

第二節　量深を慕う人々

一九三〇年の大学辞職後、量深は浪人生活を送っており、「宗門の時事などに触れない方針(9)」を守っていました。その量深を、大学時代の教え子など全国の多くの人々が慕い、さまざまな学びの場が開かれていき

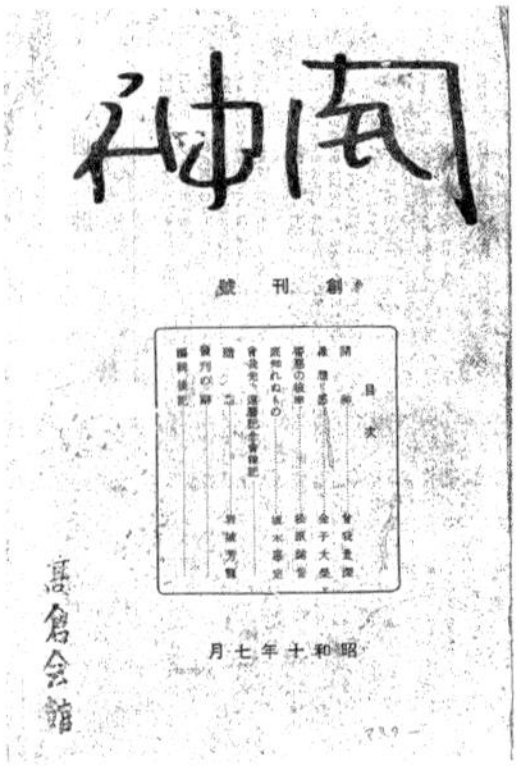

『開神』創刊号

ます。

この時期に開かれていた有志の学場のなかで、最も代表的なものが東京の開神舎《かいじんしゃ》です。これは一九三五年の還暦記念講演の後、東京・報恩寺の坂東環城《ばんどうかんじょう》を中心とする教え子たちにより、相互の連絡機関になるものとして結成されたもので、雑誌『開神』が毎月発行されました。命名者は量深で、『無量寿経』の「開神悦体《かいじんえったい》」に由来します。『開神』は多くの号に量深執筆の文章が巻頭言として掲げられ、それ以外にも講演聞書きや教え子たちの投稿などが掲載されました。その発行は、一九四四（昭和十九）年一月の第九七号まで確認でき、本誌からは当時の量深や周辺の人々の議論の様子を知ることができます。

一九三七（昭和十二）年十月には、京都で燃燈会《ねんとうかい》が結成されました。発起者は、門弟の安田亀治（理深）、時宗（金光寺）の武田賢善、丁子屋書店・藤井博職の三名です。その趣意書には「曽我量深先生は吾等が知れる限り、実に仏道を仏道としてその中心を歩まれて居る明仏教の師であります」[10]と記されています。燃燈会では、武田賢善の自坊を会場に、毎月三日間の聖典講座が開かれました。丁子屋書店の藤井博職は、同年三月創刊の雑誌『梵響《ぼんこう》』（第二〇号より『仏道』と改題。～第七五号）を編輯しており、この雑誌に燃燈会などでの量深の講演聞書きがしばしば掲載されました。それをまとめて燃燈叢書『行信の道――『教行信証』総序講読』（丁子屋書店、一九四〇年）が刊行され、さらに戦後にも鸞音叢書としていくつかの単行本が発刊されています。ただし、戦後刊行のものには文言の修正が多少見られます。また「曽我量深論集」第三巻の『伝承と己証』（丁子屋書店、一九三八年）、同第四巻の『内観の法蔵』（丁子屋書店、一九四一年）も刊行されました。

この時期、全国各地からの呼びかけで量深は講演にまわりました。その全体は正確には把握できませんが、例えば越後や北陸での会や、名古屋の信道会館での記録が残っています。当時のことについて松原祐善は、「その頃漸《ようや》く先生も地方からの要望で法話にお巡りになられるようなられたように思われます。当時「田舎のお婆さん達が私の話をきいて下さる」というて先生が非常に喜ばれていたご様子が今でも思出されます[11]」と振り返り、訓覇《くるべ》信雄は「本当の聖人の教に生きて行こうという地盤が全国に初めて出来た[12]」と語っています。

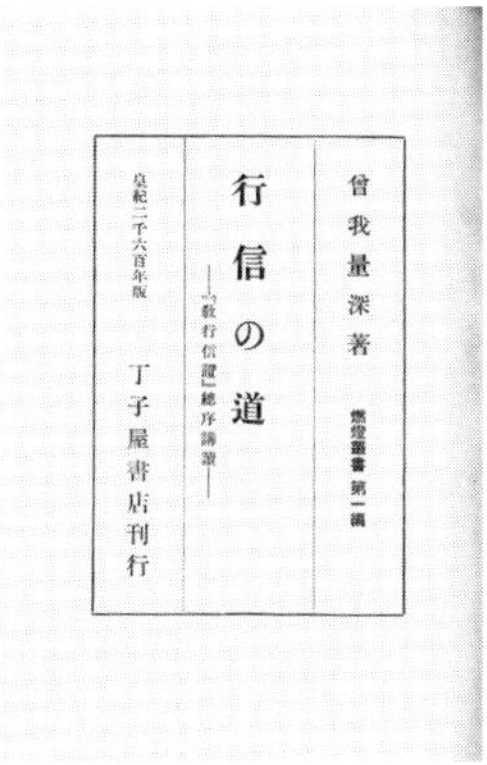

『行信の道―『教行信証』総序講読』（丁子屋書店、一九四〇年）本扉

第三節　戦争の激化と教団要職への復帰

この頃は、戦争が激化し、日本が戦時体制へと進んでいく時期でもありました。一九三一年に満洲事変が勃発、その後一九三三年には日本は国際連盟脱退を決めます。一九三五年一月には美濃部達吉《みのべたつきち》の天皇機関説が問題視され、国体明徴運動《こくたいめいちょううんどう》が惹起しました。さらに一九三七年七月には盧溝橋事件《ろこうきょうじけん》が勃発、日中全面戦争へと進んでいき、事件を機として国民精神総動員運動が展開することとなりました。そして一九三八年四月には、国家総動員法が公布されるに至りました。また、それまで共産主義運動を主な対象としていた治安維持法が宗教界に向けられ、一九三五年十二月に大本教《おおもときょう》が摘発されます。その後も同様の摘発は続き、政府による宗教統制が厳しくなっていきました。

こうしたなか、大谷派は一九三六年八月に法主・大谷光暢《こうちょう》が「教学刷新《さっしん》の御教書」を発示し、「教家が奮起して大に真俗二諦の宗義を宣布し以て　皇運《こううん》を扶翼《ふよく》し国恩に酬報《しゅうほう》すべきの秋なり」(13)と示しました。そして同年十一月より法主の全国巡化が始まります。また、その教学刷新の指針として、宗務総長・関根仁応《せきねにんのう》は一九三七年四月十四日に「同朋箴規《どうぼうしんき》」を発表しました。その内容は「一、己《おのれ》を捨てて無碍の大道に帰す　一、人生を正しく見て禍福に惑わず　一、報恩の至誠を以て国家に尽す」(14)の三箇条から成ります。こうして大谷派は、宗門を挙げて国策追従の姿勢をとっていきました。

一九三九（昭和十四）年四月、宗教団体法が公布され、翌年四月に施行されます。これにより、実質的に国家の方針に抵触する宗教団体は存続ができなくなり、真宗大谷派もそれへの対応に迫られることとなりました。このような時局への対応のために、「時代相応の真宗教学の確立」を目指し、連枝《れんし》の大谷瑩潤《えいじゅん》（信正院《しんしょういん》）の呼びかけのもと、宗門の要職者・学識者が一堂に会する会合が催されました。それが、一九四一（昭和十六）年二月十三日から十五日にかけて開かれた「真宗教学懇談会」です。この懇談会は「これまで故あって宗門圏外に在ったかの如く見えた曽我量深、金子大榮氏等の学匠が、特に迎えられてこの論究の席に加わっている一事を以てしても、その重要性が知られるのである」(15)と報じられたように、長らく宗門から排斥されていた量深と金子をも迎え

連枝　連なる枝の意。そこから転じて、法主の兄弟・一族を指して用いられる。

本地垂迹　仏・菩薩が衆生救済のため神となって現れることを垂迹といい、その本源である仏・菩薩を本地という。

厭欣思想　厭離穢土・欣求浄土の意。穢れた娑婆世界を厭い離れ、清浄な浄土に生まれることを欣い求める思想のこと。

る必要のあった重要な会合でした。

三日間の議論の内容は「本地垂迹《ほんじすいじゃく》」や「靖国神社問題」、「浄土教の厭欣思想」など、多岐にわたりましたが、懇談会の目的については、主催者の大谷瑩潤が冒頭の挨拶で「政府も近来宗門の教義に対してその内容を検討し、国体の本義と国策に矛盾するものはこれをどしどし廃して聖戦に邁進《まいしん》しようとする意図があるのであります(16)」と述べています。国策に矛盾する真宗教義を廃するという政府方針に対し、それに随順するという方向で宗派内の教学者を一致させることが当時の宗門にとっての最重要課題であり、それこそが「時代相応の真宗教学の確立」と呼ばれたものでした。そして懇談会の参加者のなかで、その点に異論を唱える者は、残念ながら一人もいませんでした。

懇談会の終わりに金子は「皆さまのお話を承《うけたまわ》ると、お話は異るが、みな心の中は一つである」と述べ、さらに「ここに一個の問題がある。それは戦争に勝たねばならぬと云うことである。（中略）勝たんが為に必要ならば王法もあり仏法もある」と語りました。教義解釈上の意見の異なりはあるけれども、戦争に勝つことが至上命題であり、そのために仏法があるという点で出席者の心中は一致している。こう議論を締めくくった金子に対し、量深は「みな解《わか》っている、解っている。いう必要はない」との言葉をかけました(17)。

この懇談会の後、同年四月には真宗大谷派宗制が施行され、大谷瑩潤が宗務総長に就任し、大谷派は新たな体制となっていきます。そこで量深も再び宗門に迎え入れられることとなりました。訓覇信雄によれば、同年五月に量深の教え子で宗務役員となっていた武田香龍《たけだこうりゅう》が、量深が大谷派最高の学階である「講師」に就くよう動いていたといいます(18)。そして同年七月十日付で量深は侍董寮《じとうりょう》出仕に任じられ(19)、次いで七月二十五日付で「講師」の学階が授与されました(20)。量深はこのことを連枝・大谷瑩誠《えいじょう》(能浄院《のうじょういん》)の尽力によるものであったと述懐しています(21)。八月一日に本山で親授式があり、量深は「唯々忝《かたじけ》なく感激に胸は一杯(22)」でした。そしてただちに、翌年度の安居《あんご》本講を務めることとなり、講本は『歎異抄』と決定しました(23)。

さらに同年九月に関根仁応が大谷大学の新学長となります。その内定の報を聞いた量深は、金子に宛てて「私共が十余年の辛苦も今日の時代に応ぜんための準備でありしか(24)」とその感慨を認めました。そして同年十一月一日、量深と金子が再び大谷大学教授に任ぜられました(25)。この人

「鹿児島別院夏期講習会」（一九四三年八月一日～五日）『真宗教学の中心問題』（再版、徳潮社、一九七九年）より転載。

事についてある学生は、自身の日記に「永い間の懐疑時代はようやく去ろうとしている」[26]と喜びを記しています。量深が大学で担当した講義題目は、一九四二年度は「講読　教行信証（教巻より）」「演習　浄土和讃」「真宗教学の中心問題」「成唯識（第三巻より）」でした[27]。

量深が大学に復帰してからおよそ一か月後の一九四一年十二月八日、日本軍は真珠湾攻撃を行い、日米開戦へと突き進んでいきます。量深は没する直前、一九七一年二月のインタビューで、当時のことを次のように赤裸々に述べています。

> 私は戦争の初めは本山と関係ありません。戦争酣《たけなわ》となって本山の中に入って、戦争に協力した。戦争しているんですからね、やめさせる力はない、出来る限りのことをして勝つ以外にないんです[28]。

戦争の道を突き進む日本の国策に随順していく方針を宗門は採りました。その宗門の要職に就くことになった量深は、すでに突入していた戦争への協力を決断します。そして量深は、講演の場で「今日は、国家興廃のわかれめ、危急存亡《ききゅうそんぼう》の時、老境にありながらも奮《ふる》って今日講壇に立たして頂いている次第であります[29]」などと語っていきました。

第四節　宗門外への波紋

ところで、量深の思想は、この頃、宗門外にも静かに波紋を広げていました。その代表が京都帝国大学哲学科、いわゆる「京都学派」です。

西谷啓治《にしたにけいじ》によれば、それは和辻哲郎《わつじてつろう》の紹介に始まります。和辻はおそらく東洋大学時代に量深のことを知っていたのでしょう。そして西谷から田辺元《たなべはじめ》や武内義範《たけうちよしのり》に、量深の書が紹介されたようです。

西谷から量深のことを教えられた武内は、それは一九三四年頃であったと回想しています。その際、西谷から借りた『本願の仏地』には傍線が埋め尽くされていたといいます。その後、武内は田辺元のために量深の書を買い集め、また自らも熟読しました[30]。武内は一九四一年に『教行信証の哲学』を上梓しています。

そして田辺元は、戦争末期に「懺悔道の哲学」を構想し、戦後の一九四六年に『懺悔道としての哲学』として公刊しました。その序文には

西谷啓治（一九〇〇～一九九〇）
京都大学教授等を歴任した哲学者。西田幾多郎に師事。著書に『宗教とは何か』、『ニヒリズム』等。

和辻哲郎（一八八九～一九六〇）
東京帝国大学教授等を歴任した哲学者・倫理学者。著書に『古寺巡礼』、『人間の学としての倫理学』等。

田辺元（一八八五～一九六二）
京都学派において、西田幾多郎と双璧をなす哲学者。京都帝国大学教授等を歴任。著作に『種の論理の弁証法』、『懺悔道としての哲学』等。

武内義範（一九一三～二〇〇二）
京都大学教授等を歴任した哲学者・宗教学者。田辺元に師事。真宗高田派の僧侶。著書に『教行信証の哲学』、『親鸞と現代』等。

「曽我量深氏の如きすぐれた宗門学者にして懺悔の基調を捉え、これに重きを置いた人はあるにはある。私は氏の解釈に啓発せられたこと多大であり、深く之を感謝するものである[31]」と記されており、親鸞思想の基調を懺悔に捉えている点において量深に共感したといわれています。田辺は「先生の論集第一巻『救済と自証』を読んで大きな感激を覚えてから先生を尊敬すること深く[32]」とも述べています。

また西田幾多郎《にしだきたろう》は、佐々木月樵との友人関係から大谷大学へ出講していたこともあり、かねて量深のことを知っていましたが、一九四二（昭和十七）年八月、西谷に量深の書物の貸出しを依頼しています[33]。

西谷に宛てた西田の書簡には、「君は曽我氏のものを持って居られるとの事でしたが一度見せて下さいませぬか」（一九四二年八月六日）、「「本願の仏地」というのは一寸《ちょっと》面白いとおもいます　此書は何処でお求めにや（中略）「救済と自証」というのが面白いのではないか」（同年八月十日）、「「本願の仏地」は手に入れたが「親鸞の仏教史観」は文栄堂出版なるも非売品とあるが君はいかにして手に入れしか」（同年八月二十八日）などとあります[34]。西谷から量深の『本願の仏地』を借りた西田は、その後、自ら量深の著作を買い求めたのでした。

西谷は「私のならいました先生方が、曽我先生のお書きになったものを非常に高くみていられた」と述べていますが、その原因を「自分というものが問題そのものになる」という哲学の根本と量深の思索が繋がっているからだと指摘しています(35)。

こうして『救済と自証』や『本願の仏地』といった一九一〇年代から二〇年代を中心とした量深の思索が、戦時下にあって確かな波紋を広げていきました。

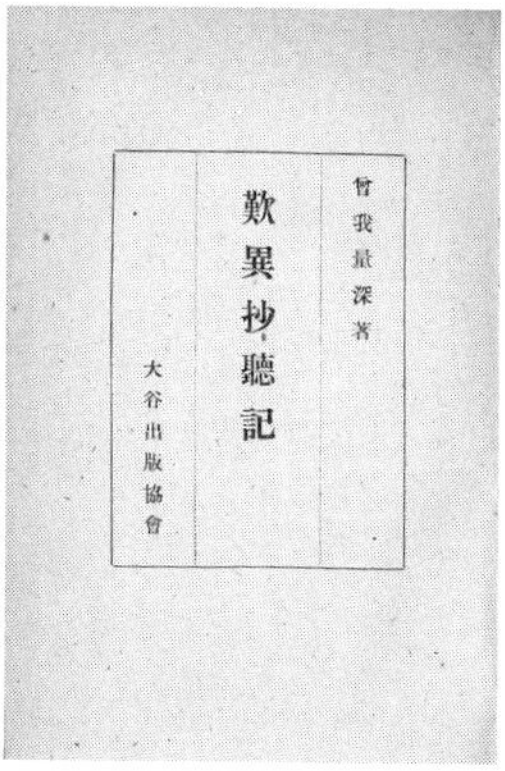

戦後刊行された『歎異抄聴記』（大谷出版協会、一九四七年）本扉

第五節　荘厳象徴・宿業本能・感応道交

一九四二年の安居で行われた『歎異抄』の講義が、戦後の一九四七（昭和二十二）年に『歎異抄聴記』として出版されました。次に引くのは、その際に量深が記した序文の冒頭です。

昭和十七年七月十一日は私の生涯忘るることの出来ない感銘深い日である。それは私が生来始めて宗門安居本講の講者として本山白書《しろしょ》院《いん》に於て是《この》「歎異抄」を開講せし日だからである。[36]

この一九四二年の安居は、国内外から聴講者が集まり、三十日にわたって開かれました。開講式で量深は、今が真宗の「第二の再興を要する時期」であるとし、その真宗再興の精神を「歎異精神、歎異感情」であると述べています。[37] そしてその「歎異」について、第一講でまず「信心異《ことな》ることを歎く精神、誰が異るかというと自分が異っている」[38]と、信の異なりは自分にあるとの確かめがなされた上で、講義は進められていきました。

講義では『歎異抄』の本文に即しながら、量深独自の感性をもった思索が披瀝されていきます。そのなかに、当時の量深を特徴づける言葉が見受けられます。それが「荘厳象徴《しょうごんしょうちょう》」「宿業本能《しゅくごうほんのう》」「感応道交《かんのうどうこう》」です。前の二つは「仏教の言葉が現代の言葉に翻訳されて来なければならない」[39]という課題のもと、仏教語の「荘厳」が「象徴」に、「宿業」が「本能」に当たると表現されたものです。

「荘厳」とは「美しく飾る」という意で、阿弥陀仏が浄土を荘厳したなどと使用される語ですが、これを「象徴」と言い表し出したのは大正の末頃です。その最初期の用例では「回向の願心の荘厳象徴」などとあり、如来の願心が浄土として象徴されているとし、そこから「方便象徴の報土なることを知らずして超越的実有《じつう》の仏土を執する者」といった批判的な言葉が語られます。[40] 量深にとって、浄土は実有（実体）的世界ではなく、「象徴」として把握される世界でした。

「宿業」は、過去の行為を意味し、それが現在の我々に影響を与えると考えられてきました。この「宿業」を量深は、還暦を過ぎて以降（一九三六年頃から）、「本能」と言い表すようになります。最初期の用例[41]では「私は宿業とは本能であると領解させられます」とし、続けて「我々の一切の行為（行住坐《ぎょうじゅうざ》臥《が》一切の所作）は一往は道徳的理性の決定の如く思惟《しゆい》せらるるも、深く内省すれば悉《ことごと》く本能の決定ならざるはないと痛感せられます」などといわれます。本能は、理性（理知）に対するものであり、さらに「私は此《この》本能を以《もっ》て如来の本願を暗示する招喚《しょうかん》の声でないかと思います」というように、本能において理性の無知無能を痛感するところに本願招喚の声を聞くのだと量深は尋ね当てていきました。安田理深は、この「本能」の語について、浩々洞《こうこうどう》時代に用いた言葉ではないかと指摘しています。[42] おそらくは高山樗牛《たかやまちょぎゅう》の言論に由来するのではないでしょうか。樗牛は「本能」を「種族的習慣」などと言い換えていました。その意味で、量深の語る「本能」は民族と結びつきやすい語でした。

こうして「本能」という表現を用いた量深でしたが、なかなか聴衆や読者には理解されませんでした。そうしたなか、一九四〇（昭和十五）年十月に至って、「本能」について「感応道交」するものと感得したのです。[43]

一九三〇年代半ば以降、この三つの語が量深のキーワードとなります。『歎異抄聴記』でも、重要なところで、例えば次のように語られています。

我々の本能は感応道交するということである。本能は互に相い受用する。個人々々は理智に於ては格別で、強者が弱者を征服するのは理智によるからである。我々は理智を深く掘り下げて本能を見出して来れば、天地万物は一体である。天地万物は感応道交するものであることを知ることが出来る。[44]

西洋から来ている諸《もろもろ》の理想主義の世界観は、人間の抽象的、実体論的世界観でないかと思うのであります。この実体論的世界観は人間の傲慢《ごうまん》なる我執に根柢をもっていると考えられる（中略）この滔々《とうとう》たる実体論的世界観に対して、わが仏法は象徴の世界観、象徴の世界観は形あるものに於て形なきものを見せしめて頂く。(45)

われわれは理智によって判断・行動していると思っている。その理智は、ものを対象化し、固定化していく。そうして固定化されたものは対立し、征服しようとする。これが実体的世界観である。しかし、実際の我々は理智ではなく、先祖からの積み重ねである本能によって決断している。その本能において、理智が反省されてくるところに、対象的に捉えていた実体的世界とは異なる世界が感覚されてくる。それは一切が通じ合う感応道交の世界であり、理智の反省を促し招喚する如来の願心が荘厳象徴される世界である。ここに、対立を超える道がある。このように曇深は、人間の理智に対する世界観を表す概念として「本能」あるいは「感応道交」という言葉を語るのです。

曇深は、それ以前の一九一〇年代より「理智は私に絶望を教えます(46)」

などと語っており、若き頃より理智との格闘を通して思索を展開させていました。その課題が、一九三〇年代になると「本能」という語でもって応《こた》えられていきました。「本能」という表現は、時代的には、戦時下で強調されたものですが、戦後も一貫して語られています。その意味で、単に時局に応じて語られたものではなく、人間の普遍的な課題に応えようとするものであったといえます。

しかし、「本能」「感応道交」などの語は、戦時下にあっては、日本主義（国体論）と結びつき、戦争追随の文脈で語られていたことも事実です。『歎異抄聴記』は安居という学事の場であるためか、あるいは戦後の出版であるためか、戦時色は表面的に際立っては見られません。しかし、同時期の量深が、次のような驚くべき発言をしていたことも知っておかねばなりません。これは安居開講の二か月前、一九四二年五月四日の講演です。

今度の戦争は（中略）正法の国家、正しい国家、正しい法（みのり）の大日本を打建てて米英の邪道の国家を打破る大思想戦である。（中略）邪道の国、即ち動物本能というものを基礎にして現われて来た国、米英、この動物本能の国を、感応道交の尊い神の本能を持っている日本の国が征服して、（中略）人間の真実の本能というものは如何なるものであるかということを明らかにすることが今日の戦争の目的であります。（中略）この　天皇陛下の御叡慮《こえいりょ》を正しく了解せしめたのが、（中略）我御開山聖人であると私は信ずるのであります(47)。

量深は、日米開戦を受け、その意義を「感応道交」する日本の神の「本能」を米英に知らせる思想戦であるといいます。量深が「本能」を語る時、もともとそれはものを対象化固定化し、それゆえに対立し征服しようとする「理智」に対する批判でした。それがここでは、米英を「理智」の国であると決めつけた上で、征服しなければならないというのです。この発言からは、「理智」に対する批判を語っているはずの量深が、実はその「理智」の立場に立ってしまっており、自己への省察が欠けているといわざるを得ないのではないでしょうか。

米英に対する思想的批判はあったとしても、量深の「本能」は、その米英と「感応道交」し、心を通わすことはできなかったのでしょうか。

もちろん、量深を含む当時の人々の切迫感は、その空気のなかにいなければ理解し難いでしょう。しかし、異なる道筋はなかったものかと思わされます。

第六節　日本の敗戦

量深が大学に復帰した直後、一九四一年十一月二十二日に「国民勤労報国協力令」が公布され、これにより勤労協力が義務化されました。こうした動きのなかで、学生動員が進められていき、軍需工場への動員も行われるようになりました。一九四三（昭和十八）年十月二日には「在学徴収延期臨時特例」が公布され、学生の徴《ちょう》兵《へい》猶予《ゆうよ》が停止、いわゆる学徒出陣となります。そして同年十一月十三日、東本願寺大師堂前白洲《しらす》にて、宗門学徒出陣壮行式が挙行されました。(48)

こうして大学から学生の姿が見えなくなった頃、学内に大谷教学研究所が設置されることとなりました。研究所の設置について、安田理深は「学徒出陣で一派教学の活動がなくなったので教学の伝統を保持せんならんので学場を作った[49]」と回顧しています。一九四四（昭和十九）年十一月一日付で金子大榮や鈴木大拙などとともに、量深はその所員に任じられ[50]、真宗教学部の部長となりました。真宗教学部の総題は「真宗教学が顕彰する世界観と歴史観」であり、具体的には量深の「化身土巻」講読が行われていたようです[51]。当時、量深の講義を聞いていた者は、「いつも新たに生れつつある真理であった[52]」、「神がかりのように元気一杯の曽我先生の講義[53]」であったと回顧しています。

それでは、悪化していく状況のなか、量深の心中は実際どうだったのでしょうか。後年、子息の信雄は当時の量深について次のように述べています。

父は「この戦争は勝目はない、しかし、負けないと言うんだから――、死ねと言うんだろう、一億玉砕せよと言うのだから、已《や》むを得ない。真向《まっこう》切って反対は出来ない、しかし、この戦争は絶対に勝つことはない」と言っていました。父は早くから、特にガダルカナル戦の頃から、この戦争は勝目はない、と母にも洩らしていました[54]。

この回顧によれば、量深はガダルカナル戦（一九四二年八月～翌年二月）の頃から敗戦を予感していたことになります。しかし、正面から反対はできず、一億玉砕の声に追随していったのです。

量深は一九四四年一月の講演で、この戦争を次のように語っています。

歴史的必然である。もう否応《いやおう》なしにこの戦争は起って来る。この戦争の渦巻《うずまき》というものは全世界に拡がっておる。（中略）歴史的必然というものに南無帰命する。（中略）厳粛《げんしゅく》な歴史的の大きな事実に対して、ただこう本当に厳粛な心をもって、これをもって我々人間の一つの大きな宿業であるとして、これをこう本当に心から、それを泣く泣く、我々はそれを謹《つつし》んで之を受けなければならぬ。（中略）敵も味方も大動乱の中に流されて、流されつつそれに本当に絶対無条件に帰依信順する。(55)

この戦争は、誰か個人の責任ではなく、歴史的必然であり、敵も味方もそれに流されるほかない。ただただこの必然の事実に、泣く泣く信順するのである。このように量深は、ただ歴史的必然に随順するのみと語りますが、その時、戦争の悲惨さはどれほど実感されていたのでしょうか。晩年のことですが、量深は講演のさなか、ふと戦争末期の米軍の空襲に触れ、「想像も出来ない今度の戦争はそういうものであった[56]」と漏らしています。戦争の惨禍は量深の想像を超えていました。

一九四五年八月十五日、ポツダム宣言の受諾による日本の無条件降伏が伝えられました。子息の信雄によれば、量深は「ホッとした様子[57]」であったといいます。そして戦後、量深は戦時下での反省を踏まえ、さらに思索を展開させていくことになります。

戦時下と戦後の量深の発言の異なりを見てみましょう。西洋の思想とそれに影響された国内の思想家への批判として、一九四二年に発せられた言葉があります。

「自法愛染故、毀訾他人法、雖持戒人《ママ》、不免地獄苦」（『智度論』一）という御言葉があるが、自ら尊しと思うて居るものの実は毎日、不免地獄苦の中に起き臥しているので、これは皆、実体論の世界観に固着している姿なのであります[58]。

ここで量深は、龍樹《りゅうじゅ》『智度論《ちどろん》』の「自らを正しいと思い他者を謗る者は地獄を免れない」（取意）という内容の言葉を引きながら、国内外の思想家への批判を語っています。これに対し、戦後の一九五二年の講話では、同じ『智度論』の言葉に触れつつ、次のように語っています。

根本から考え直す必要がある。それでないと他の宗教に誤魔化される。（中略）今まではこの小さい島国で「自法愛染故、毀呰他人法、雖持戒行人、不免地獄苦」（『智度論』）と地獄に堕ちていて極楽と思っておったのである。昔は仕方がない。しかし今日我々はその教を正しい親鸞、蓮如の教に帰して明らかにせねばならぬ(59)。

かつて他者への批判に用いていた言葉を、戦時下の日本を念頭に、自己批判の言葉として聞き取ろうとしています。ここに量深の、敗戦を境とした翻りを見ることができるのではないでしょうか。真宗の教えに対する「根本から考え直す必要がある」という思いから、戦後の量深の思索は再出発をしていくのです。

注

（1）『選集』五・四七六〜四七七頁。
（2）『選集』五・三九二頁。
（3）『選集』五・四〇四頁。
（4）『選集』五・四一八頁。
（5）『選集』五・四三七頁。
（6）『選集』五・四七〇頁。
（7）『選集』五・四七〇頁。
（8）「仏教史観を明にすべし」、『開神』一九三七年五月、『選集』五・五〇頁。
（9）一九三七年一月十日付金子大榮宛封書、『両眼人』二八〇頁。
（10）『梵響』第一巻第九号（一九三七年）三二頁。
（11）「地方で先生をお迎えして」、『選集』六（月報）三〜四頁。
（12）「仏者」、『曽我量深先生追悼講演集　光輪』一四頁。
（13）『真宗』一九三六年九月号。
（14）『真宗』一九三七年五月号・六頁。
（15）『真宗』一九四一年三月号・六頁。
（16）『曽我量深研究誌　行信の道』第四輯・三頁。
（17）『曽我量深研究誌　行信の道』第四輯・三七頁。
（18）『傑僧　訓覇信雄』二三〇〜二三二頁。
（19）『真宗』一九四一年八月号・二六頁。
（20）『真宗』一九四一年八月号・二〇頁。
（21）『選集』四（月報）八頁。
（22）一九四一年八月十七日付金子大榮宛封書、『両眼人』二九六頁。
（23）『真宗』一九四一年九月号・四〇頁。
（24）一九四一年八月十七日付金子大榮宛封書、『両眼人』二九七頁。
（25）『真宗』一九四一年十二月号・一五頁。
（26）広瀬明『若き求道者の日記』七六頁。
（27）『大谷学報』第二三巻第三号・七三頁。
（28）『選集』四（月報）一頁。
（29）一九四三年八月一〜五日、『真宗教学の中心問題』三頁。
（30）武内義範「曽我先生に御目にかかった最初の日と最後の日」、『教化研究』第六六号・七〇〜七二頁。
（31）『懺悔道としての哲学』、『田辺元全集』第九巻、六頁。
（32）「『神を開く』の頌」、『真人』第一一九号（一九五九年）二頁。
（33）「曽我先生を語る」、『教化研究』第六六号・八〇〜八一頁。
（34）『西田幾多郎全集』第一三巻、三四頁、三五頁、三九頁。
（35）「大恩深く報ずべし――曽我量深先生頌寿祝賀謝恩会

の記録」、『中道』第四〇号・六二～六三頁。
(36)『選集』六・三頁。
(37)『選集』六・一八～一九頁。
(38)『選集』六・二四頁。
(39)「仏教の世界観」、『講義集』四・一九五頁。
(40)「欲生心の象徴化」、『仏座』一九二六年四月、『選集』四・一七五頁。
(41)「宿業の問題」、『開神』一九三六年一月、『選集』五・二二頁。
(42)「昭和十年代の曽我先生」、『曽我量深研究誌　行信の道』第三輯・四五頁。
(43)「感応道交」、『選集』一一・八〇頁。
(44)『選集』六・九四頁。
(45)『選集』六・四〇〇頁。
(46)「念仏は原始人の叫び也」、『精神界』一九一五年一月、『選集』三・六四頁。
(47)「荘厳の世界観」、『講義集』五・二三～二五頁。
(48)『中外日報』一九四三年十一月十三日付。
(49)『選集』四（月報）一五頁。
(50)『真宗』一九四五年一月号・二頁。
(51)『大谷大学百年史〈通史編〉』四二四～四二五頁。
(52)柳田聖山「わたしの真宗学」、『選集』九（月報）二頁。
(53)長川一雄「安田先生の想い出」、『安田理深選集』第一五巻上（月報）五頁。
(54)『講義集』一・二二五頁。
(55)『日本世界観』七三～七五頁。
(56)『超えて貫く』七一頁。
(57)『講義集』一・二二五頁。
(58)「荘厳の世界観」、『講義集』五・二八頁。
(59)「分水嶺の本願」、『選集』一一・三〇九頁。

第七章　戦後の活動

「蓮如教学の根本問題」雑誌『遇光』に掲載（『講義集』一収録）。後に改訂され、『感応の道理』として単行本化（『選集』一一収録）。

第一節　戦争を批判する眼

日本は連合国軍に無条件降伏を表明し、長きにわたる戦争は終わりを迎えました。

敗戦後まもない一九四八（昭和二十三）年、量深は、なぜ明治以来、日本が戦争を起こしてきたのか、その原因について「蓮如教学の根本問題」と題した講演のなかで、独自の観点から意見を述べています。そこではまず、日本の宗教事情について、明治維新以降、門徒の家のなかに仏法はあるが公の外の社会にはなく、国民は全く「無宗教の生活」「唯物主義の生活」をしているといいます。また学校教育に関しても、明治期に教育勅語が発布されて以来、国体信仰を教育の方針にしているとし、それはほとんど「無宗教」といってよい状態であると述べています(1)。そして、戦争については次のような反省を述べています。

かくて我々日本人は無宗教の世界、無宗教の政治社会の中に住んで明治四十五年大正十五年、すでに昭和に入って恐ろしい戦争にぶつかった、ああいう戦争をしてもそれを良い戦争であるか悪い戦争であるか批判力がない。唯《ただ》お国のため漠然として東洋平和のためという名義の下に幾百万の人が命を捧げた。そして戦争はみじめな敗戦を以て幕を閉じた。此の戦争は誰か或る特種な指導者があって指導されたのだとそういえばそういうことになると思うけれど、結局各自々々の責任である。戦争を正しく批判する眼を失っていた、そういう風に教育されていたと云えばそれまでであるが、結局こんな状態になったのは各自々々の自覚の不足に帰着する。(2)

日本が「無宗教の政治社会」となった結果、国民の誰もが「戦争を正しく批判する眼」を失い、無批判に受け入れることになったと指摘し、つまるところは「各自々々の自覚の不足」に帰着すると断じています。この「無宗教の政治社会」に対し、量深が戦後になってあらためて明らかにしようとした正信念仏による宗教とは、一人ひとりに「批判する眼」をもたらし、社会の情勢に流されない自覚をもたらすものだったのではないでしょうか。

量深の講演録が掲載された一九四七〜四八年頃の冊子

戦後の量深は、各地の人々から請われるままに、全国を伝道してまわっていきます。量深の子息・曽我信雄は、「戦後は父も地方への旅が忙しくなり、昭和二十年代の十年間は年間を通じて三分の一は旅に出ておりました」(3)と当時の様子を伝えています。この旅には、門弟の藤代聡麿《ふじしろとしまろ》が付き随い、旅の手配をし、前座で法話をすることもありました。量深は、全国各地での法話・講演を通して、戦争で疲弊し、荒んでいた人々の心に、法の灯をともそうとしたのでした。

第二節　蓮如上人四百五十回御遠忌

一九四八年は、蓮如上人四百五十回御遠忌の年でした。宗門は、戦後の混乱により、財政も大変厳しく、法要を一年延期しなければならない状況でした。法要は延期となりましたが、量深は御遠忌の機縁を大切なものとして、各地の講演で蓮如上人の教学の意義を語っていきます。

前節で引いた「蓮如教学の根本問題」の講演では、特に「機法の分限」という教学の課題を強調しています。そこで量深は、敗戦の根本原

生仏不二　衆生と仏とは本来は一つという教義。

因は宗教的自覚の不足にあると述べていましたが、その自覚こそ「機法の分限」であるというのです。

すなわち、蓮如上人以前の教学は、「機法一体《きほういったい》」ということを取り入れはしたが、それは天台宗の「生仏不二《しょうぶつふに》」と同じことを語っているに過ぎず、教学の混乱を招いていた。そこで、はっきりと「機法の分限」を明らかにしたのが、蓮如上人の教えであるというのです[4]。蓮如上人が「南無」の二字はたのむ衆生の機、「阿弥陀仏」の四字は衆生を救う阿弥陀仏の法であるとした、この六字釈が「機法の分限」を表すということです。

さらに量深は、「機法一体」とは、「感応道交《かんのうどうこう》」であるともいいます。この文脈において「感応」とは「我々が仏の心を感ずれば、仏が衆生の機に応ずる」[5]ということです。「たのむ機」とは、「仏の「たのめ」という勅命に感応するところの機」[6]であり、徹底して地獄一定の機として自己の分限を感ずるところに、「たのむ機」をたすけようとする、仏の応じるはたらきがはたらいているのだといいます。量深は、蓮如上人によって説かれた「機法一体」を、「たのむ衆生」（機）と「たすける仏」（法）との「感応道交」としてとらえ直そうとするのでした。

堂班　当時は僧侶の身分を表し、それが本山の御堂に出仕するときの席順を決定した。

またこの年、量深は『大無量寿経』を講本として、二度目の安居《あんご》本講を務めています。当時、安居は一か月間行われていましたが、量深自身の健康の都合で、二週間に切りつめて実施されたと伝わります[7]。そして、その安居の講義においても、蓮如上人の「機法一体」に基づきながら、「機法の分限」いうことが講じられています[8]。

量深は、このたびの蓮如上人の御遠忌、また十三年後の宗祖七百回忌を機縁として、真宗教団は「第二の再興」をすべきであると述べます[9]。この「真宗第二の再興」という課題は、戦時下（一九四二年）の安居で『歎異抄』を講ずるところでも掲げられていました[10]。

量深がいう「真宗第二の再興」とはどのようなことなのでしょうか。御遠忌を機縁として行われたアンケートで、量深は次のように答えています。

一、学階、教階、僧階、堂班を全廃し、同朋教団の本道にかえること。要は蓮如上人真宗御再興の御精神を実践すること[11]。

長い因習によって形成された宗派の差別的な階級制度を全廃して、真

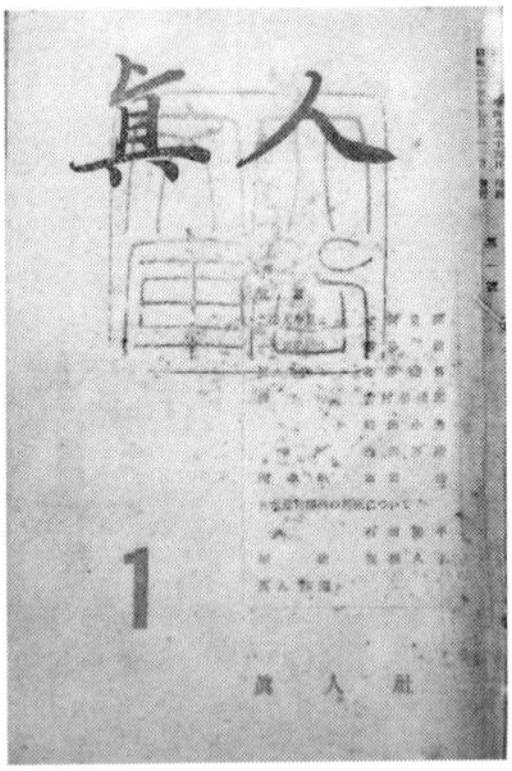

『真人』創刊号（大谷大学図書館蔵）

の同朋教団にかえること。それが蓮如上人の「真宗御再興の御精神」を実践することであるというのです。そして、この「真宗再興」の願いに応じるような動きが、量深を慕う人々によって起ころうとしていました。一九四八年、有志同人によって「真人社《しんじんしゃ》」が結成され、五月には機関紙『真人』が創刊されました。真人社は、本山宗務所で宗門改革に奔走した訓覇信雄、竹内良恵、竹田淳照、岸融証、藤原正遠のいわゆる五部長が、宗務所の職を辞して設立したものです。「真人」という名称は、はじめ「真宗人」であったのが、量深の助言によって改変されたものです。真人社の事務所は京都・六条道場（間之町正面、仏願寺）に置かれ、そこで量深が講義をし、聴衆は全国各地から集まりました。真宗関係者にとどまらず、金光教の信者らもいたといいます。その最前列には、安田理深が陣取り、講義を筆記していたとのことです。後に真人社は全国へ展開していき、各地で講習会や座談会が催されるようになりました。この真人社の運動が、やがて一九六二（昭和三十七）年に発足する同朋会運動へと展開していくのです。

雑誌『真人』には、量深の論考はもちろんのこと、安田理深らの講演録や論文が掲載され、それ以外にも「仏子地」という投稿欄も設けられました。量深は、真人社結成一年を迎えた際の講演で「人に解るように平易に説くことは考える必要はなく、解らなければ聖典の如く何度でも読まれるような、そんな雑誌を出して戴きたい[12]」と述べています。

第三節　GHQによる大学追放

　戦後の大谷大学は、政府の動き、新制大学の基準設定の成りゆきを見ながら、学内の改革に着手し、一九四九（昭和二十四）年には新制大学の認可を得ています[13]。

　そのようななか、量深は再び大谷大学から追放されることとなりました。GHQ（連合国軍最高司令官総司令部）の命令で行われた教職適格審査により不適合と見なされ、金子大榮・安《やす》井《い》広《こう》度《ど》らとともに免職となったのです。特に問題となったのは、雑誌『開神』で発表した論考（巻頭言）と『行信の道――『教行信証』総序講読』中に散見した「本能」という表現でした。前章で確かめたように、量深における「本能」は、たしかに日本主義（国体論）と結びつき、戦争追随の文脈で用いられることもありましたが、あくまで人間の普遍的な課題に応えようとして語られたものでした。しかし、そのことが教職適格審査の審査員には全く理解されなかったのです。そのことについて、量深自身が次のように述懐しています。

私は本能ということを力説したもんです。理性よりは本能。それは一般の学者に分らない。本能というのが大切なんであって、結句はつまり本能が決めるんです。(中略)それで宗教の深いところに本能があると、そういうことを文部省の役人は分らない(14)。

こうして量深は大谷大学の教授を辞することとなりましたが、全国各地へ行脚《あんぎゃ》しての伝道活動は続けていきます。

この年の暮れ、量深は富山市の月愛苑《がつあいえん》で「社会的実践としての懺悔道」と題した講演を行います。ここに「懺悔道」という言葉が見られるのは、哲学者・田辺元の『懺悔道としての哲学』(一九四六年)を受けてのことでしょう。その講演では、「仏は一切衆生の宿業を背負うて最も深い懺悔、責任の自覚をなされた。それが本願になって来たのである。

だからその仏の遣瀬《やるせ》ない大悲本願の根源にある所の宿業の自覚そのものが懺悔である」[15]と語られています。ここでいわれる「懺悔」とは、如来による懺悔であり、それはわれわれの自覚に先立って、如来がわれわれの罪業を自覚し懺悔して、大悲本願を発された。まさに本願の根源にあるところの「宿業の自覚そのもの」であるというのです。

この講演ではさらに、世界の平和は、回向《えこう》において実現するともいわれます。「回向とは日本語に直すと振向くことであり振向けることである。吾々がお互に振向きあいする所に社会があり、社会生活、団体生活がある」と、互いに振り向けあう回向とは、社会生活に通じるものであると指摘されます[16]。しかし、その振り向ける回向とは、人間の自力によるものではなく、「振向き振向ける世界にはそうせしめる回向の大行の世界がある」と、そうさせるはたらきの世界があるといわれます。それは、人間が自力で振り向け合うところには、行き違いによる衝突や自利と利他が矛盾してしまうなど、限界があるためです。他力回向による社会観、平和の成立ということが力説されたのでした。

このようにして、量深が回向によって真の平和の世界が成り立つと語った背景には、共産主義による革命があったとうかがわれます。一九四

「宿業共感の大地」　長川一雄の求めに応じて揮毫され、本文は福岡県八女市・光善寺の塔廟の碑文（一九七九年建立）に刻まれている。

八女市・光善寺の塔廟の碑文

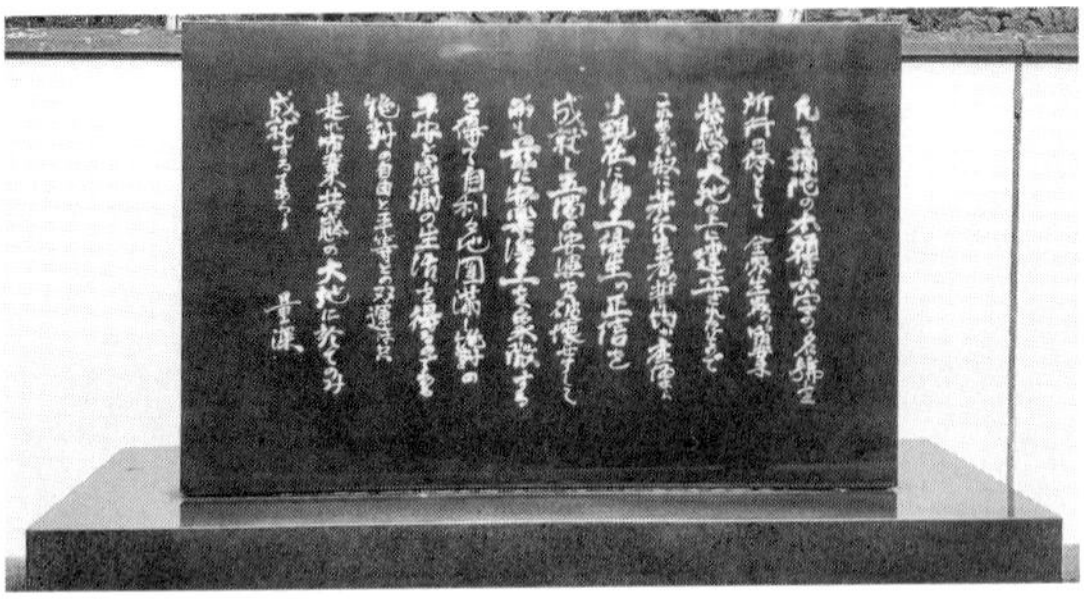

九年に中華人民共和国が成立し、翌年には朝鮮戦争が勃発しています。各地で革命運動や争いが勃発していたことに対して量深は、血を流さずに根底から全世界を挙げて革命することができる道、それこそが阿弥陀仏の本願力回向の大道であると述べるのでした(17)。そして量深は、その大道を「宿業共感の大地」とも言い表します。

　凡《おおよ》そ弥陀の本願は六字の名号を所行の体として、全衆生界の宿業共感の大地の上に建立されたもので（後略）(18)

如来の本願力回向のはたらきの具体たる六字の名号（南無阿弥陀仏）は、全衆生界の宿業共感の大地に建立されたものであるといわれます。量深はしばしば、仏教における業には「共業《ぐうごう》」と「不共業」があると述べています。「不共業」とは、自分が個人的になした業の果報を受けていくことであり、それに対して「共業」とは、他者と共通に引き受ける業ということです。この「共業」に基づき、量深は「宿業共感」という視座を語るのでした。そのことが、仏の教えは「外に共通なる自然と社会を感ずる共業を説くのであって、それは正に相互に感応道交を前提する重々無尽の相依《そうえ》相成《そうじょう》の縁起の世界観を有するを知らねばならぬ[19]」といわれます。

世界は冷戦抗争状態の厳しさを増し、国内も労働の争いなど、互いに主義を立てて争いをする時代となっていました。そうした時代状況のなかで、真実の自由と平等の成り立つ根拠は、「宿業共感の大地」にこそあると示されたのです。

第四節　「二つの世界」「象徴世界観」

戦後の世界状況は、資本主義陣営と共産主義陣営とに分かれていました。そのような状況について量深は、それぞれの善や正義を主張するために世界は二つに分かれて争い、一つにならないところに大きな悩みがあるといいます[20]。このような問題意識から、量深はしばしば「二つの世界」というテーマで講演を行いました。

一九五〇（昭和二十五）年九月号の『真人』に発表された講演録「人間の独立」に注目したいと思います。この講演では、「阿弥陀如来の本

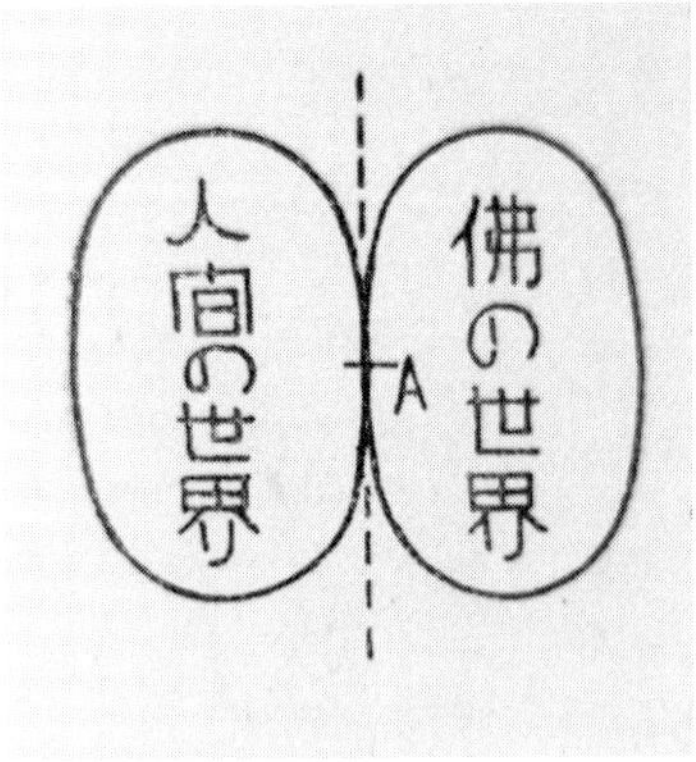

阿弥陀仏の本願の世界　『二つの世界』（武生真人社、一九五三年）より転載。

願は、世界を二つにわけて居る。その二つとは、一つは仏の世界。今一つは、人間の世界である[21]といわれます。「仏の世界」と「人間の世界」という「二つの世界」は、決して重なることなく、それぞれの分限を守って、互いに犯さず、独立している。そして「二つの世界」が独立することによって、互いに鏡となり、相依り相たすけ合うことができる。つまり「人間の世界」がなければ「仏の世界」は成立せず、また逆に「仏の世界」がなければ「人間の世界」も成立しない、「仏の世界」と「人間の世界」との「二つの世界」は「独立しつつ、相よっている[22]」というのです。

このような、本願に依拠した「二つの世界」観から、現実の娑婆世界における「二つの世界」の問題、すなわち冷戦状態の資本主義国と共産主義国との「二つの世界」の克服を見ようとするのでした。そして、最初から「一つの世界」とするのではなく、「二つの世界」として徹底したところに、初めて「一つ」になることができるというのです。「二つの世界」を否定して、無理に「一つ」にするのではなく、また単に対立し合ったままでもなく、「二つの世界」は「二つ」のままに、その根本のところで「一つ」になる、いわゆる仏教でいうところの「不二」ということを明らかにしようとしているのです。いかにして世界が「一つ」になり、平和を実現するかという困難な課題について、初めから「一つ」にしようとするのではなく、「二つの世界」を認めつつ、根本のところで「一つ」になると、逆転の発想での考察を展開したのでした。

そうして一九五一（昭和二十六）年、量深は喜寿（七十七歳の祝い）を迎え、その年の九月二十九日・三十日に真人社の主催により、京都の高《たか》倉《くら》会館で祝賀記念講演会が行われました。講演の題目は「象徴世界観」です。

量深は、講演の冒頭で「私はこの題目に就《つ》いて纏《まと》めてみたいということは、数年来からの願いでございます(23)」といいます。「象徴世界観」とは、それまでに「感応道交」や「相依相成の縁起の世界観」「二つの世界」という言葉を通して語ってきた世界観を、この言葉のもとにまとめようとして掲げられたテーマです。そしてその言葉の意味するところについては、「要するに一切南無阿弥陀仏といただくところに、其処に象徴世界観というものが証明せられ、また完成するものである(24)」といわれます。「象徴」とは、先にも確かめたように、仏教用語である「荘厳《しょうごん》」を、量深が現代的に言い換えた表現です。したがって「象徴世界観」とは、一草一木のあらゆるものがわが心の「象徴」として、また世界全体のすべての因縁は関連するものとして、全世界を一つのものとして実践することであり、それと同時に、自己を世界から分離させて苦しませる分別意識が自分にあることを自覚していくということです[25]。われわれは分別によって世界を分けて見ようとするけれども、本来世界は繋がって一つであることが、仏の智慧によって教え知らされていく、そのような実践的な世界観が「象徴世界観」という言葉のもとに提示されたのでした。

互いに異なる「二つの世界」を認めつつ、いかにして「一つの世界」を形成するのか。この課題のなかから「象徴世界観」という実践が語られたのです。量深は、それぞれが違う世界観をもつ迷いの存在であると認めつつも、だからこそ「感応道交」するものとして、世界を本願の「象徴」として見ようとしたのです。

この年の暮れに量深は、教職不適格者の指定が解除され、大谷大学名誉教授となり、翌年春には講師として大谷大学の教壇に復帰しました。

清沢満之五十回忌法要（一九五二年六月、於岡崎別院、岡崎別院提供）

第五節　清沢満之五十回忌——分限の自覚

一九五二（昭和二十七）年は、量深にとってきわめて印象深い年となりました。この年、清沢満之の五十回忌を迎え、あらためて師の教えとは何であったのかを考える機会に恵まれた量深は、そこから真宗教学について新たに思索を展開させていきます。

この年の六月四日から六日にかけて、清沢の五十回忌法要が真宗大谷派・岡崎別院で勤められ、記念講演会が大谷大学と高倉会館で開催されました。そこで量深は、「如来について」（『絶対他力道』）と題して講演を行います。その講演では、清沢のなした偉業として、親鸞聖人の思想を日本思想の最高峰にまで引き上げたこと、信念による救済を身命を捧げて戦いとられたことなどが話されました。

また、清沢の生涯のなかでも特に、『エピクテタスの教訓』との出会いに注目します。清沢は一八九八（明治三十一）年に偶然、友人の沢柳《さわやなぎ》政《まさ》太郎《たろう》宅でこの書を見つけ、借りて読み、そこで大いに得るものがあったとし、後に『阿含経《あごん》』『歎異抄』とあわせて信念確立にかかわる大切な書（予が三部経）であると称しました。量深は、その時に初めて清沢は自己自身の「分限」を自覚した、といいます。

　古代ローマの哲人・エピクテタスは、長い生涯の悩みをくぐって、自己に属するものと属さないものとの区別を明確にしました。そのエピクテタスとの邂逅《かいこう》を通して、清沢は自己自身の「分限」を真の意味で自覚するに至った、と量深はいいます。もちろん清沢は、それまでにも自身が相対有限であることを全く知らなかったというわけではない。けれども、それが一般論としてではなく、自身の問題としてはっきりとした自覚を、『エピクテタスの教訓』を読むことによって感得したというのです。量深は、この清沢における「分限」の自覚を非常に重視し、これこそ真実の救済であると領解します。そしてこの「分限」の自覚によって清沢は、長い間の疑問が氷解し、仏教の教える生死解脱の道を見つけたのだ、と頷いた量深は、その清沢における救済の感激が「絶対他力の大道」として発表されたというのです。

　「分限の自覚」という言葉は、ともすれば自分の分をわきまえて、自分を押し殺すというような意味でとらえられます。しかし量深が、清沢

エピクテタス（五〇頃～一三五頃）古代ギリシア（ストア派）の哲学者。奴隷として生きつつ自由を求め、解放後は教育に専心。著作は残さなかったが、没後に語録や要録が刊行。

「絶対他力の大道」　この題名は、一九〇二年六月号の『精神界』へ掲載される際に、編輯者の多田鼎がつけたもの。もともとは一八九八年から一八九九年にかけて著された清沢の日記『臘扇記』中の言葉。

がエピクテタスとの邂逅を通して得たという「分限の自覚」は、決してそのような意味ではありません。如来を知ることによって、自己が相対有限であると知らされ、そこにおいて現在に安住を得ることができるという境涯を表します。

さらに量深は、清沢が「分限の自覚」に至ったのは、『大無量寿経』下巻の「本願成就文《ほんがんじょうじゅもん》」から「三毒五悪段《さんどくごあくだん》」に続く文に眼を開いていたからに違いないといいます。清沢はその経文を繰り返し読むことによって、如来を知り、それを信じることによって、自分の「分」を知ることができたというのです[26]。このようにして量深は、清沢の明らかにした「分限の自覚」の意義を、如来と自己との関係を明らかにする重要な視点であると受け止めたのでした。それまで量深が課題にしてきた「機法の分限」や「二つの世界」が、あらためて師・清沢の思想を通してとらえ直されたといえるでしょう。

第六節　分水嶺の本願

清沢満之五十回忌法要の後、量深は大垣から福井・大野、新潟・高田をまわって東京へ行き、さらには水戸を経て北海道へ渡り、札幌、旭川、美唄を経由して七月七日、日本北端の町・根室に到着しました。根室から海面を眺めると、当時はまだ国交が回復していなかったソビエト社会主義共和国連邦（ソ連）の島々が視界に映ります。その光景を目の当たりにした量深は、根室の別院で法話をしているさなか、突然、「本願における分水嶺《ぶんすいれい》」を感得しました。(27)

その後、九月に新潟の三条別院で「分水嶺の本願」と題して講話が行われ、後にこの講演録は、同年六月に行われた清沢五十回忌法要の講演録とあわせて『分水嶺の本願』という題名で真人社から出版されました。このように量深は、清沢の五十回忌に際して思索した「分限の自覚」を、新たに「分水嶺の本願」という視座で展開させていき、各地の講演や法話などで語っていきました。「分水嶺の本願」が語り出されたことと、

戦後に刊行された量深の単行本

師・清沢の五十回忌とは切り離すことのできない、一連の出来事でした。

　それでは、この「分水嶺の本願」とは一体何を表しているのでしょうか。「分水嶺」とは、もともとは地理学の用語で、山の稜線《りょうせん》で太平洋側と日本海側とに流れが分かれる川の分岐点のように、水系を分かつ場所を意味する言葉です。量深は、第十一願・必至滅度の願を、「人間の世界」と「仏の世界」とが三角形の二辺のように分かれ出る頂点たる「分水嶺」に位置する本願であるとしました。

　量深は「分水嶺の本願」を、いまだ国交の回復していなかったソ連を目前にして、どうしても超えることのできない「分」を感じるとともに、まさにこの国と国が接する国境において、この地点から二つの国が分かれていくような根源、すなわち「分水嶺」という概念を感じ取ったということでしょう。

　二つの国は、二つであっても、単なる「二」ではない。「二」でありながら、その根源において「一」であるというのです。それでは、その根源である「一」は、どこで感得されるのでしょうか。量深は、「人間の分限というものを知るところに仏の世界が始まる。その人間の分限をつきつめて、その人間の分限の終ったところに仏の領域が始まる」[28]といいます。その「分水嶺」に目覚めることによって、それまで判然としなかった第十一願成就の真実証ということも明らかになるというのです。

さて、『大無量寿経』下巻は、次の第十一願成就文に始まります。

仏、阿難《あなん》に告げたまわく、「其れ衆生有りて、彼の国に生ずれば、皆悉《ことごと》く正定の聚《じゅ》に住す。所以《ゆえ》は何《いか》ん。彼の仏国の中には、諸《もろもろ》の邪聚《じゃじゅ》及び不定聚《ふじょうじゅ》無ければなり。(29)

量深は、『大無量寿経』の下巻が第十一願成就文から始まることに大事な意義を見出していました。『大無量寿経』の上巻と下巻の関係について量深は、上巻は「如来篇」、下巻は「衆生篇」であるといいます(30)。そこにおいて第十一願成就文は、「浄土と娑婆を分つところの境界(31)」と言い表し、この第十一願成就文を「分水嶺」として、右は浄土、左は娑婆と、三角形の二辺のように分かれ出るというのです。そして、このような「分水嶺」としての根源を感得すれば、「娑婆を浄土に持って行く必要もなく、浄土を娑婆に引き寄せる必要もない(32)」と述べました。つまり、この第十一願が娑婆と浄土とを分ける根本の本願であるとし、「二一

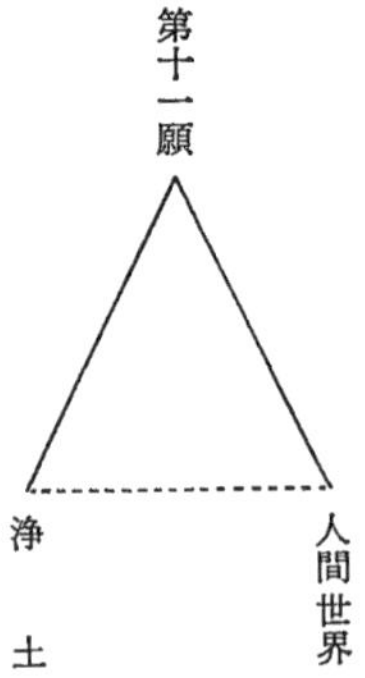

分水嶺の本願の図　『選集』一一・二九二頁より転載。

つの世界」を分かれつつも根本のところで一つであると頷く、第十一願に立脚した自覚内容であると受け止めたのでした。

量深は、このような「分水嶺の本願」にわれわれが立たしめられることが重要であり、そのことを「信の一念から元にさかのぼる（中略）それが出来るというのが現生正定聚であろう」[33]といいます。「元にさかのぼる」とは、法蔵菩薩の本願発起の原初にさかのぼるということでしょう。とするならば、第十一・必至滅度の願が成就し、正定聚に住するということは、単に穢土から浄土に往くことが定まったというのではなく、浄土がなぜ浄土として建立されたのか、根本の願いが明らかになることとなります。それと同時に、本願を聞思することを通して、われわれが煩悩具足の凡夫であり、迷いの世界を生きていることが知らされるということでしょう。正定聚に住するとは、「仏の世界」と「人間の世界」とができあがってくる根本を知り、「二つの世界」の存立する意義を自覚していくこと、まさしく「二つの世界」の「分水嶺」に立たしめられることであると明らかにしたのでした。

量深は、清沢によって切り開かれた「分限の自覚」を積極的にとらえ直し、それは「分水嶺の本願」に立つことであり、それこそ『大無量寿

僧伽　［梵］サンガの音写。仏法を信じて、仏道を歩む人々の集団のこと。和合を意味し、和合衆、和合僧ともいう。三宝（仏・法・僧）の一つ。

経』下巻に説かれる本願成就の意義であると領解しました。量深は『大無量寿経』の下巻を「僧伽の巻」であるとも言い表し(34)、分限を自覚するとは「僧伽」の一員になることであるともいいます。このような視座に、後年、同朋会運動が展開していくなかで、教団の意義を「僧伽」としてとらえる機縁を見出すことができるでしょう。

注

(1)『講義集』一・一九六頁。
(2)『講義集』一・一九六〜一九七頁。
(3) 曽我信雄「わが父を語る（下）」、『説教集』月報七・二頁。
(4)『講義集』一・一六〇頁。
(5)『講義集』一・一六三頁。
(6)『講義集』一・一七二頁。
(7)『大無量寿経聴記』、『選集』七・一五三頁。
(8)『選集』七・三四二〜三四三頁。
(9)『講義集』一・二〇〇頁。
(10)『歎異抄聴記』、『選集』六・一八頁。
(11)『選集』四・四八八頁。初出は『真宗』一九四九年三・四月号。
(12)「真人の道　真人社結成一年に寄せて」、『講義集』二・四〇〜四一頁。
(13)『大谷大学百年史〈通史編〉』四四〇〜四四六頁。
(14)『選集』四（月報）一二頁。
(15)『講義集』二・二一七頁。
(16)『講義集』二・二二〇頁。
(17)『講義集』二・二二五〜二二六頁。
(18)『講義集』二・二二二頁。
(19)『講義集』二・二二一頁。
(20)「仏法聞きがたし」、『随聞記』一・二五八頁〜二五九頁。
(21)『講義集』三・一七二頁。
(22)『講義集』三・一七三頁。
(23)『選集』一一・一七五頁。
(24)『選集』一一・一七八頁。
(25)『選集』一一・一九四〜一九五頁。
(26)『選集』一一・二五七頁。
(27)『選集』一一・三〇一頁。
(28)『選集』一一・三〇一頁。
(29)『真宗聖典』四七頁（初版四四頁）。
(30)『選集』一一・三〇四頁。
(31)『選集』一一・二七九頁。
(32)『選集』一一・二九三頁。
(33)『選集』一一・三二二頁。
(34)『選集』一一・三〇四頁。

第八章　真宗第二の再興に向けて

暁烏敏と曽我量深（一九五二年四月二十三日、月愛苑にて）『暁烏敏全集』第三部第五巻（香草舎、一九六〇年）より転載。

第一節　真宗第二の再興

一九五四（昭和二十九）年八月二十七日、浩々洞の創設者の一人であり、清沢満之の「あとつぎ」[1]とも称される暁烏敏《あけがらすはや》が亡くなりました。量深は、九月十八日に暁烏の自坊である加賀の明達寺《みょうたつじ》に詣で[2]、また翌年の一周忌にも参詣しました。[3]この暁烏の没後、量深に一つの自覚がでてきたといいます。松原祐善は「曽我先生は晩年、とくに暁烏先生が亡くなって以後は、自分が清沢先生をいわなくてはほんとうに清沢先生の精神が伝わらないという自覚に立たれておりました。そして「清沢満之先生あって曽我量深だ」ということをおっしゃっておられます[4]」と伝えています。

そのことを強く意識したきっかけは渡米でした。一九五五（昭和三十）年十一月二十六日、量深は羽田空港を発ち、ハワイ・ホノルルを経由してアメリカはロサンゼルスに赴きました。東本願寺ロサンゼルス別院からの招待を受けたためです。ただ、量深は旅先で体調を崩し、予定

相伝義書　近世の東本願寺において『教行信証』の伝授にかかわった相伝家が伝える教義書の総称。現在『真宗相伝叢書』として刊行されている。

を切り上げて翌一九五六（昭和三十一）年一月二十六日に日本へ帰国しました。[5] そのアメリカ滞在中に、いくつか特筆すべき出来事がありました。例えば、堺・真宗寺の足利演正《あしかがえんしょう》から相伝義書の紹介を受けたということもあります。[6] ただ、特に重要なことは、量深が一つの所感を得たことです。そのことについては、同年二月十三・十四日に大谷専修学院で行われた帰国後の最初の講義で次のように語られています。

すでに宗祖聖人の七百回忌が五年の先にせまってきた。この七百回忌に応答する、最大の緊要事は、清沢先生の明治時代からつづいている「祖師に還れ」「親鸞聖人にかえる」ということであると思う。つまり、我々は、真宗第二の再興をなしとげねばならない。（中略）この大事業である真宗第二再興の指標となるものが、清沢先生の「我が信念」であると最近感ずるようになった。それは今回の渡米を機としてである。[7]

「真宗第二の再興」について、前章で見たように、戦時下で『歎異抄』を講本に行われた安居や、戦後の蓮如上人四百五十回御遠忌の際に

開華院法住（一八〇六～一八七四）幕末から明治初期に活躍した学僧。高倉学寮講師。守綱寺住職。三河・萬徳寺の了祥に師事。

も語られていましたが、一九六一（昭和三十六）年の宗祖親鸞聖人七百回御遠忌に向けて、蓮如上人による「真宗再興」を受け継ぐ「第二の再興」を実現しなければならないと、あらためて表明されます。そしてその指標が、清沢の信念にあるのだと、量深は思いを新たにしたのです。直接的には、アメリカでの療養中に開華院法住《かいけいんほうじゅう》の『教行信証金剛録』を読み直すなかで[8]、この問題意識は芽生えました。

今日、真宗学は非常に煩瑣《はんさ》な学問になっている。宗学というものが一向に要領を得ない。聞く方は迷惑するばかりである。どうしても、真宗の教えを単純化しなければならない。そのことを表明するものが、清沢先生の「我が信念」である[9]。

仏教の信仰とは、人生の行き詰まりが問題となって問い直され、深められてくるものであるにもかかわらず、宗学が進められていくなかで、人生問題から遊離した「煩瑣な学問」となってしまう。これが量深の問題意識でした。

量深は、従来の宗学が御聖教を借りて自分の意見を述べようとするも

のであったとしつつ、これからの学問について次のように指摘していま
す。

この頃は、宗学、真宗学といっていたものを、教学ということばに
つきつめて考えるようになった。御聖教のことばの上に表現されて
いるそのものは何であるかということを、よくつきつめることが大
切である。（中略）私たちもまたこの時代の教学を自己に建設してゆ
かねばならぬ。(10)

こうして量深は、御聖教の言葉に表現されているそのものを、時代社会に身を置く自己において明らかにしていくことの必要を説き、それを「宗学」ではなく「教学」という言葉として確かめていきます。そこに「真宗第二の再興」の道を見たのでした。

宮谷法含（東本願寺出版蔵）

第二節　宮谷法含「宗門白書」

こうして御遠忌に向けて「真宗第二の再興」を訴えた量深の姿勢は、大谷派宗門にも大きな影響を与えていきます。一九五六年二月、宮谷法含《みやたにほうがん》が宗務総長に就任しました。また、参務・教学局長に、真人社の中心メンバーであり、量深の直弟子である訓覇信雄が就きました。

そして宮谷法含は宗祖親鸞聖人七百回御遠忌に向け、宗門の機関誌『真宗』の同年四月号に「宗門各位に告ぐ（宗門白書）」を発表しました。宗門白書は、「宗門は今や厳粛《げんしゆく》な懺悔《さんげ》に基づく自己批判から再出発すべき」と、宗門の実状への自己批判から始まります。そして「教学」の方針については、次のように宣明されています。

真宗の教学を、世界人類の教法として宣布することは刻下の急務である。その為には煩瑣な観念的学問となって閉息している真宗教学を、純粋に宗祖の御心に還し、簡明にして生命に満ちた、本願念仏の教法を再現しなければならない。このとき如来と人間の分限を明らかにすることによって、絶対他力の大道が衆生畢竟《ひっきょう》の道であることを、現代に明白にされた清沢先生の教学こそ、重大な意味をもつものであることを知るのである。(11)

宮谷自身が、清沢満之が学監時代の真宗大学の予科学生だった(12)ということもありますが、「清沢先生の教学」の意義を高く掲げたこの文章は、先に見た量深の訴えに呼応するものといえるでしょう。そのことは、御遠忌について白書が「真宗第二の再興を志願することを以て、御遠忌お待受《まちうけ》の唯一絶対の指標としなければならない(13)」と述べていることからも読み取れます。この白書には、厚い賛意とともに厳しい批判も向けられましたが、仏法興隆の真義に生きんとする宮谷内局の決意がこうして表明されたのでした。

戦後の量深における宗門上の立場としては、一九五一(昭和二十六)年十一月十二日付で宗務顧問(14)に、一九五二(昭和二十七)年十月一日付で侍董寮《じとうりょう》出仕(15)に任じられていることが確認できます。侍董寮とは、「宗義に関する事項について審議する(16)」ために設けられた教団教学の権威的

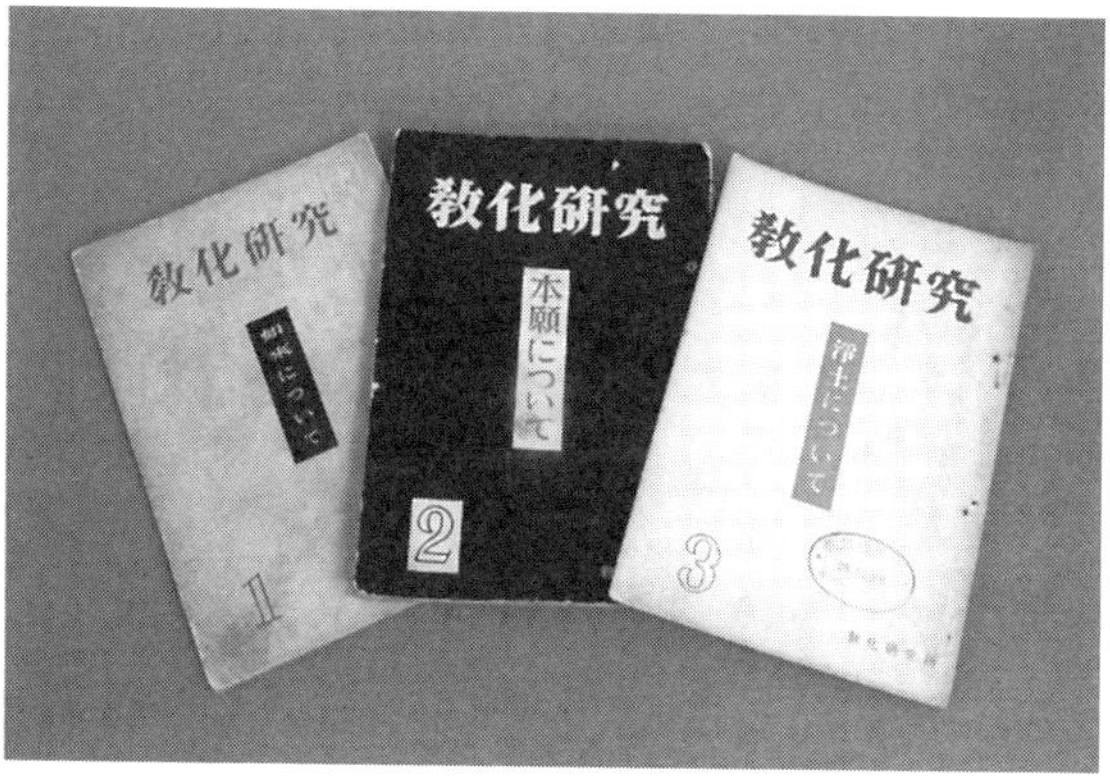

『教化研究』創刊号・第二号・第三号

な機関です。そして、この宗門白書が出された直後の一九五六年五月八日付で、量深は侍董寮寮頭[17]に就任したと記録されています。まさしく一派の学頭というべき立場となったのです。その後、一九五八（昭和三十三）年十一月二十八日には、多年の教学功労により「無極院《むごくいん》」の院号が授与されました[18]。

第三節　教学研究所

量深と大谷派の教学を考えるにあたり、外すことができないのが、教化研究所（現・教学研究所、通称・教研）との関わりです。教化研究所は一九五一年九月二十二日に開所式が行われましたが、量深は創設当初から教化研究所顧問として関わっていました[19]。教化研究所からは、一九五二（昭和二十八）年八月より機関誌『教化研究』が発刊され、その多くに量深の講義録が掲載されました。それらは現在、『聞思の人　曽我量深集』（上・下、東本願寺出版部）としてまとめられています。

宮谷内局が発足した直後の一九五六年五月には、それまで教学部の所管であった伝道講習会が教化研究所に委託されることになります。同年十一月には、新たな構想の下、伝道研修会（伝研）と名を変え、毎年三・四回程度開かれることとなり、多くの人々が熱意をもって受講していきました。この伝研には、金子大榮や蓬茨《ほうし》祖運《そうん》などとともに量深も、何度も講師として出講しています。その講義は「真宗第二の再興」に向けて、若き宗門人を導くものとなったことでしょう。

やがて教化研究所は、拡張（全国への展開）が構想されるようになり、一九五六年七月一日付で教化研究所条例が改正され、地方に分室の設置ができるようになりました[20]。さらに一九五八年七月一日には教学研究所条例が公布され[21]、教化研究所は「教学研究所」と名前を変え、発展的解消がなされます。そこには、まず自身が「身を以って学ぶ」ことを通して、教化を「本当の教化たらしめる」という願いがありました[22]。

また、分室設置が可能になったことを受け、東京分室の開設が要請されました。まず浅草別院境内の教区会館に一九五七（昭和三十二）年二月頃発足し、七月二十九日に開所式が挙行されました[23]。その翌年の一九五八年一月一日、文京区本郷追分《おいわけ》に新設された大谷会館に移転し、四月二十七日に会館開設式が行われました[24]。本郷の地が選ばれたのは、清沢の浩々洞があった地だからだといわれています。教研東京分室には、量深の直弟子の松原祐善が四月一日付で所員[25]として赴仕し、随時、教学講座や現代思潮講座などが開かれました。晩年の量深は、この東京分室を中心に毎年二度ほど東京へ出講し、人々に親鸞聖人の信仰を語りました。

「宗門白書」が出された一九五六年、教化研究所は「時代教学の解明」と「教化課程の作成」という二つの事業を眼目としました。そして前者のための取り組みとして、清沢の精神と業績に改めて触れていく必要があるとして、清沢の総合的研究を行うようになります[26]。そこで量深による「清沢満之先生」と題する研究講座が開かれ、『教化研究』に掲載されました。さらに量深や金子、西谷啓治、安田理深の監修のもと、一九五七年には教化研究別冊『清沢満之の研究』が発行されます。そこには、後々大谷派の教学を背負っていく広瀬《ひろせ》杲《たかし》や宮城《みやぎ》顗《しずか》、寺川《てらかわ》俊昭《しゅんしょう》といった若き教学者たちの執筆した論考も収録されました。

このように、量深の「真宗第二の再興」の願いは、さまざまなかたちで実を結んでいったのでした。

第四節　第十七願と第二十願

伝道研修会などの場で、量深は具体的にどのようなことを話していたのでしょうか。そのことを一九五七年十一月の伝道研修会講義録「鏡の発見」を通して見てみましょう。

この時の伝研のテーマは『歎異抄』で、量深が取り上げたのは「煩悩《ぼんのう》具足《ぐそく》の凡夫、火宅《かたく》無常《むじょう》の世界は、よろずのこと、みなもって、そらごとたわこと、まことあることなきに、ただ念仏のみぞまことにておわします」[27]という「聖人〔親鸞〕のおおせ」でした。この言葉を取り上げる量深において課題となっていたことは、次の言葉に現れています。

> 私どもはそらごと・たわごとのことに真剣になってそのためには命まで捨てる。そのために戦争もおこし、社会の大混乱をおこす。あるいは身をほろぼし命を捨てることも辞せない。（中略）けれども、私どもはそのことを内観反省すべきである。（中略）自覚を失ってい

ると自分では思わぬけれども、ほんとうは自覚を失っているにちがいない。(28)

念頭にあるのは、量深自身も教団人として関わった第二次世界大戦であり、またその後も続くアメリカとソ連を中心とする東西冷戦でしょう。さらには、当時の日本国内に勃興していた新興宗教もありました。当時の量深は、しばしば「外道の思想というのは生命宗である(29)」などと述べ、宇宙の大生命に没入するような思想を批判しています。そういった状況のなか、念仏によって深く自ら内観反省しうる道をたずねようとしたのです。

そこで具体的に考究されたのは、法然上人は第十八願ひとつで念仏を教えておられるのに対し、親鸞聖人が第十八願のみを語るのではなく、一方では第十七願を、他方には第二十願を見出したことの重要性です。第十七願は諸仏の称名が誓われており、それは本願という普遍的なる法が言葉で教えられているということです。しかしわれわれは、それを独りよがりで閉鎖的な受け止めにしてしまう。それが、親鸞聖人が第二十願を通して語られた自力の念仏というあり方だと押さえていきます。そ

「信巻」安居開講式（一九六〇年七月、東本願寺出版蔵）

こで第十七願を鏡とすることで、第二十願的なあり方の自己が照らされていく。このような本願の構造として、自己の内観反省が教えられているということを量深は語りました(30)。同時期の別の講演では、このことが「機と法の分限・分際」と確かめられ、そこに主体性を失うことのない信仰があるのだと語られています(31)。

量深は、一九六〇（昭和三十五）年七月から八月にかけて、大谷派の最高学事の場である安居《あんご》の三度目の本講をつとめます。講本は親鸞聖人の主著『教行信証』の「信巻」でした。その第一講において強調されたのは、「二十願というものが、十七願の法に背いている(32)」というように、やはり第十七願と第二十願をめぐる問題でした。ここに親鸞聖人の信心の要点があり、教団的課題があると量深は見出していたのです。

こうして機法の分限の自覚をもたらす第十七願と第二十願との対応を量深が語り始めたのは、おおよそ戦後になってからであり、最晩年まで一貫して語られ続けます。そこにあるのは、戦争協力への反省、あるいは新興宗教の台頭などに見える思想の混乱であり、いわば全体主義化していくという問題でした。そういった問題を超えていく道を、親鸞聖人の教えの構造から確かめようとするのが量深の課題であったといえるでしょう。そのことを伝道研修会などの場で「真宗第二の再興」に向けて語ったのです。

第五節　鈴木大拙との対話

宮谷内局が進める御遠忌記念事業として、『教行信証』の全巻英訳の計画が立てられました[33]。そしてその英訳を、当時大谷大学教授で世界的な禅者の鈴木大拙《すずきだいせつ》（貞太郎）に依頼することになります。その後、一九五八年三月二十一日付で大拙を中心に教行信証文類翻訳委員会委員の委嘱がなされ、金子大榮、山口益《やまぐちすすむ》などとともに、量深も委員に名を列ねました[34]。この事業は、同年十一月に大拙がアメリカから帰国して以降、本格的に動き出します。ただ、結果的には前四巻のみの英訳となり、その出版は大拙没後の一九七三年になされました[35]。

この事業を伝える当時の『真宗』誌には、「この英訳にあわせて曽我量深講師を中心に、英文の教行信証の入門書を作成することが決定した[36]」とあります。安田理深の追憶によれば、解説（introduction）を量深に書いてもらいたいという大拙の意向がありました。量深は感激し、熱情をこめた二時間以上もの大講演を行ったそうです。しかし、大拙からは「introduction はもっと平凡なものでいい」といわれ、結局は未完成に終わったと伝わります。(37)

この頃に、量深と大拙との間で対話が行われました。その論点に、両者の思想の特徴や立場の違いが表れています。

一九五八年十二月八日、京都ミヤコホテルで行われたその対話は「禅と真宗」と題して公開されました。(38)冒頭から問題に上がったのは「還相《げんそう》回向《えこう》」の問題です。そこで大拙は、阿弥陀仏の本願を衆生が受けるというのは、自分にその願いがあるのだとして「阿弥陀の四十八願は私の四十八願になる」といいました。量深は、それは結構だとしつつも「道理がわかっても実際はそのようにならぬ。そういうところに大きな問題がある」と応答します。自己と阿弥陀とのある種の一体性を語る大拙と、理解を示しつつも実際にはそうはならない事実を重んずる量深。緊迫したやり取りが続くなか、大拙はこれまでの真宗ではそういわなかったとしても、量深ならば新たな真宗理解としてこれから打ち出していけるのではないかと突きつけます。(39)しかし、それに対する量深の応答は「それ

鈴木大拙と曽我量深（一九五八年十二月八日、ミヤコホテルロビーにて、加来玄雄撮影）

を言わぬのが真宗である」(40)というものでした。この対話記録は次のように結ばれています。

鈴木　だいたいこんなところでないですか。そこで結論はどういうことになりますかな。

曽我　結論は禅の方はちょっと言い過ぎだし、私の方は言いたらぬということですね。

鈴木　賛成です。

――しばし両師の笑声がつづく――(41)

こうして火花を散らした両者の対話は、笑い声となって閉じられていきました。

量深と大拙の対話の記録はもう一つあります。それは、宗祖親鸞聖人七百回御遠忌法要が盛大に厳修されていくさなか、一九六一（昭和三十六）年四月十七日から十九日にかけて比叡山ホテルを会場に、西谷啓治の司会によって行われた、鈴木大拙・曽我量深・金子大榮の三人による鼎談《ていだん》でした。この鼎談は『親鸞の世界』（東本願寺出版部）と題して公刊されています。

ここでも、やはり「還相」をめぐって量深と大拙の間に火花が散ります。それは大拙の「極楽へ往って戻るなんていうことは決してないんだ（中略）このままで往相・還相である」[42]という発言がきっかけでした。「娑婆と浄土」、「往相と還相」のある種の一体性・同時性を説く大拙を受けて、量深は次のように発言しています。

曽我　はあ、体はひとつであってもですね、義というものは、ちゃんと筋道を立てなければならん。それで筋道を立てて話をするために、浄土というものと娑婆というものを話しなさるのであって、なにも娑婆と浄土と二つあるというわけではないですわ。体から見ればひとつですわ。

鈴木　え、体から見れば娑婆が浄土で、浄土が娑婆だね。

曽我　ええ、それは、おおせのとおりだ。そのとおりですけど、あなたのいい方ですると、義までひとつになってしもうてですね……。（笑い）私らはその義というものを混乱しない。ところが鈴木先生の話を聞くと、義というものも、その体の同一であるということだけを主張されて、義の違うことを軽くお考えになる(43)。

ここでも量深は大拙に理解を示します。その上で、浄土と娑婆を区別して教えが説かれることの意義を、大拙は軽んじているのではないかというのです。量深は続けて、大拙が常に語る「即非の論理」を取り上げて、「即ばかりでなくて、それに対して非というものがもうひとつあります」とも述べています(44)。それは大拙も十分承知しているはずの否定性の面が、現に目の前にいる大拙の語りにないことを指摘するものでした。

ここに量深の眼目があります。それは、宗教における有限と無限との同一とは、単なる同一ではなく、否定を踏まえた同一であるということです。そこにあるのは、先に見た「機法の分限の自覚」といってもいいでしょう。

この鼎談の後の四月二十一日、大榮・量深・大拙の三人により、京都・岡崎の京都会館で御遠忌記念講演会が開かれました。量深の講題は「信に死し願に生きよ」です。それは信の一念の内実に、従来の迷いの命が終わるというその否定性を見出しつつ、同時にそこにうながしとして能動性が現れることを、善導大師の言葉（前念命終《ぜんねんみょうじゅう》後念即生《ごねんそくしょう》）と、

即非の論理　鈴木大拙が『金剛般若経』に見られる「AはAに非ず、故にAなり」という形式の教説に基づき提唱した論理。

前念命終後念即生　善導大師『往生礼讃』の言葉。（『浄土真宗聖典全書』一・九一六頁）念仏の行者が前念に命が終われば後念にただちに往生することをいう。『愚禿鈔』において親鸞聖人は、この前念命終を本願を信受することの意に解している。

それに対する親鸞聖人の受け止め（本願を信受するは、前念命終なり）[45]を通して言い当てた命題でありました。

第六節　還相回向の問題――往生と成仏

御遠忌法要が厳修されたことを受けて、宮谷内局は退陣しました。それを引き継いで、一九六一年六月二十七日に訓覇信雄が宗務総長に任ぜられます。[46]そしてこの訓覇内局において、一年後の一九六二（昭和三十七）年七月一日付で真宗同朋会条例が公布され、[47]現在に続く同朋会運動が発足しました。それは、大谷派が現代の世界人類に応えうるような教法社会の確立に向けた信仰運動です。その精神的支柱となったのが量深でした。ただ、量深自身は、同朋会運動が興されたことについて、結構なこととしつつも「いろいろな間違いがおこってきやしないかとわたしは思っておるのであります[48]」と、多少の危惧も感じていました。

さて、この同朋会運動と連動して、先に見た伝道研修会をはじめ、種々の研修会が実施されていきました。そして、量深も研修の場に講師として立つことになります。ここでは、一九六四（昭和三十九）年六月に行われた伝道研修会修了者全国大会での講演、「教団の問題」を取り上げたいと思います。その講演の初め、量深は『歎異抄』の「弥陀の五劫思惟の願をよくよく案ずれば、ひとえに親鸞一人がためなりけり」[49]という親鸞聖人の言葉を挙げて、次のように語り始めます。

それはつまり、如来の本願をとおして全人類を担《にな》うということでありますから、いわゆる親鸞聖人の同朋教団というものは、要するに一人ひとりが教団である。[50]

如来の本願を信ずることを通して、一人ひとりが一切衆生を担っていく、そこに親鸞聖人の同朋教団は感じられてくるのだと量深はいいます。この講演では、その同朋教団の原理として「還相回向」を積極的に捉えていきます。

還相回向というのは、いわゆる未来である。その未来というのは現在せる未来なんでしょう。未来という一つの姿をもって現在しておる。(中略)往相も還相もともに現在しておる。そこに姿としては現在と未来の区別はあるけれども、体は南無阿弥陀仏である。[51]

ここで量深は、伝統的に死後未来のこととされてきた「還相」を、現在のこととして積極的に解釈していきます。もちろん単なる現在ではなく「現在せる未来」として、あるいは意識の深いところ、いわば無意識の領域という区別をもってですが、われわれの意識を超えて南無阿弥陀仏において還相の願いは現にはたらいているのだというのです。そしてこの講演は、最後に次のように語られました。

こういう願いが私どもには教団というものになると思います。還相回向は教団というものになってくるのであろう。いわゆる同朋教団というのはすなわち還相回向である。[52]

われわれには一切衆生を担う力はない。しかし、如来の本願を信ずるところに、意識を超えて現に還相の願いがはたらき出している。それが同朋教団となってくるのだ。このように還相回向を確かめることによっ

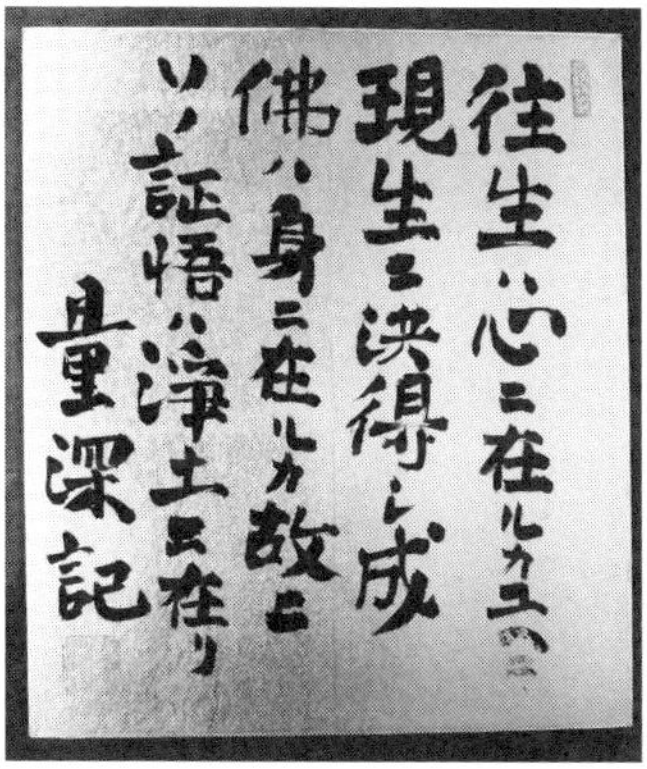
往生ハ心ニ在ルカユヘニ
現生ニ決得シ成
佛ハ身ニ在ルカ故ニ
ソノ証悟ハ浄土ニ在リ
量深記

曽我量深色紙（一九六六年五月三十一日揮毫、願正寺蔵）

て、量深は教団的課題に応答しようとしたといえるでしょう。そしてそれは、大拙からの問題提起を受けたものでもあったと考えられるのではないでしょうか。

大拙は一九六六（昭和四十一）年七月に没します。ちょうどその前後から、量深は一つの命題を打ち出していきます。それが「往生と成仏」であり、具体的には「往生は心にあり、成仏は身にあり」という定型句として確かめられていきました。そこで提起されたのは親鸞聖人の往生理解が、宗学上で「往生即成仏」（命終に往生すると同時に成仏する）と語られていたことに対し、往生と成仏とは分けて考える必要があるということです。そこで成仏は身の問題であり、この煩悩の身の命終におけるものとしつつ、その成仏という到達点への道程が往生であるとして、往生を現在の信心の獲得に見ようとしたのでした。こうして浄土教の救済の現在性を積極的に語ったのです。

この往生の現在性を積極的に語る量深の議論は、さらに還相回向の問題へと展開していきます。一九六七（昭和四十二）年十月三十一日に東京で行われた講話「立教開宗《りっきょうかいしゅう》――往生と成仏」(53)では、その終わりに同朋会運動に言及しつつ、次のように述べています。

鈴木大拙先生の言葉で言えば、「矛盾の一致」というものでありまして、同時に成立するものである。願生《がんしょう》と得生《とくしょう》とが同時に成立してくる。それから、往相と還相というものは、やっぱり同時に成立するものである[54]。

浄土に生まれようと願う信心（願生）と往生を得ること（得生）とが「矛盾の一致」という言葉で押さえられています。これは先に見た大拙の「即非の論理」を指しますが、矛盾・否定を通した一致として量深は確かめます。その上で、同じ矛盾の一致という関係で往相と還相も同時であると押さえられていきます。あるいは「還相というのは無意識の世界にある。往相は意識の世界の中にある[55]」とも述べ、この往・還の矛盾関係を意識・無意識としても確認しています。まさしく御遠忌の時の大拙との対話における論点が、こうした表現となっているのでしょう。

講話は、この還相の現在性を確かめたところから、親鸞聖人の話へと移り、「やっぱり立教開宗という一つの使命感をもっておいでになったわけだと、こう自分は領解しておるようなわけでございます[56]」と締めくくられます。量深は、親鸞聖人の立教開宗の使命感の淵源を還相回向に見出しました。「往生と成仏」の議論の結論は、この点にあったのです。

当時、一九七三（昭和四十八）年に迎える親鸞聖人御誕生八百年・立教開宗七百五十年慶讃法要に向けて、宗門は動き出していました[57]。量深も一九六七年二月二十日付で慶讃準備審議会委員に名を列ねています[58]。こうした同朋会運動の促進、慶讃法要に向けてという状況のなかで、量深は同朋教団の願いというものを、還相の現在性として確かめていくのでした。ただし、それはあくまで「現在せる未来」「無意識」「矛盾の一致」といった言葉で一線を画しながらです。そこには、大拙との議論で明確になった否定を踏まえた同一という点が反映されているのでしょう。現実の教団自体が浄土の現れだというのではありません。同時期には「宗門というのは、第二十願でありましょう[59]」とも述べています。

ただ、従来の「往生即成仏」を問い直した量深の議論は、大きな波紋を呼び起こします。そして、大谷派の議会においても問題視されていくことになります[60]。そういう影響もあったのでしょうか、一九六八（昭和四十三）年七月に量深は四度目の安居本講をつとめ、「正信念仏偈」を講義しますが、この安居を過ぎた頃から「往生は心にあり、成仏は身にあり」という定型句を語らなくなるのでした。

注

（1）「友――暁烏敏師を偲ぶ」、『講義集』八・一六八頁。
（2）「臘扇堂に詣でて新たに清沢先生を憶う」、『講義集』八・五七頁。
（3）「香草院忌講話」、『講義集』九・一〇四頁。
（4）『松原祐善講話集　他力信心の確立』二三九頁。
（5）「浄土と本願（一）――アメリカより帰りて」、『講話集』二・九～一〇頁。
（6）「本願と光明　第一講」、『説教集』一〇・一三頁。
（7）「真宗第二の再興」、『講義集』一〇・四五～四六頁。
（8）『講義集』一〇・五〇頁。
（9）『講義集』一〇・四六頁。
（10）『講義集』一〇・五二頁。
（11）『真宗』一九五六年四月号・六頁。
（12）『宗報』第一二号（一九〇二年七月二十一日）九頁。
（13）『真宗』一九五六年四月号・七頁。
（14）『真宗』一九五一年十二月号・七頁。
（15）『真宗』一九五二年十二月号・七頁。
（16）「真宗大谷派宗憲」（一九四六年九月二十四日公布）、『真宗』一九四六年十一月号・三頁。
（17）『真宗』一九五六年六月号・十七頁。ただし、量深生前刊行の『法蔵菩薩』（同朋舎、一九六三年、一三三頁）をはじめ、多くの年譜で量深の寮頭就任は一九五九年だとされている。
（18）『選集』八（月報）八頁。
（19）『真宗』一九五一年九・十月号、四頁。
（20）『真宗』一九五六年七・八月号、二八頁。
（21）『真宗』一九五八年七月号・三一頁。
（22）「教学研究所とその仕事」、『真宗』一九五八年八月号・一八～一九頁。
（23）『教化研究』第一七号・五八頁。同第一八号・七八頁。
（24）『教化研究』第一九号・七〇頁。
（25）『真宗』一九五八年五月号・三三頁。
（26）『教化研究』第一六号・六七頁。
（27）『真宗聖典』七八四頁（初版六四〇～六四一頁）。
（28）『聞思の人　曽我量深集（上）』一六三～一六四頁。
（29）「時節到来」、『講義集』八・一三七頁。
（30）『聞思の人　曽我量深集（上）』一七一～一七五頁。
（31）「親鸞聖人の御言葉」、『真宗』一九五七年一月号・四七頁。
（32）『教行信証「信の巻」聴記』、『選集』八・三一頁。
（33）『真宗』一九五六年七・八月号、一七頁。
（34）『真宗』一九五八年五月号・三三頁。
（35）その後、二〇一二年に親鸞仏教センター（真宗大谷派）が改訂版をオックスフォード大学出版局より刊行。
（36）『真宗』一九五九年一月号・七頁。

(37) 安田理深『親鸞における救済と自証』第一巻・五五～五八頁。
(38)『真人』第一二一号（一九五九年三月）。
(39)『曽我量深対話集』一九頁。
(40)『曽我量深対話集』二三頁。
(41)『曽我量深対話集』二九頁。
(42)『親鸞の世界』一九九頁。
(43)『親鸞の世界』二〇一頁。
(44)『親鸞の世界』二〇三頁。
(45)『真宗聖典』五一〇頁（初版四三〇頁）。
(46)『真宗』一九六一年八月号・四一頁。
(47)『真宗』一九六二年八月号・二二頁。
(48) 一九六三年九月十日、『真宗大綱　曽我量深講義録下』一〇九頁。
(49)『真宗聖典』七八三頁（初版六四〇頁）。
(50)『聞思の人　曽我量深集（下）』一七頁。
(51)『聞思の人　曽我量深集（下）』四〇頁。
(52)『聞思の人　曽我量深集（下）』四二頁。
(53)『中道』第六五号（一九六八年）。『選集』では「往生と成仏」に改題。
(54)『選集』一二・二一六頁。
(55)『選集』一二・二一七頁。
(56)『選集』一二・二一八～二一九頁。
(57)『真宗』一九六七年三月号・一三頁。
(58)『真宗』一九六七年四月号・一四頁。
(59)「果遂の誓いが宗門の本」、『真宗』一九六七年四月号・二二頁。
(60)『傑僧　訓覇信雄』二〇六頁。

第九章　一切衆生の宿業を担って

大谷大学長となった量深　『大谷大学のあゆみ』（大谷大学、一九六四年）より転載。

第一節　大谷大学長就任

宗祖親鸞聖人七百回御遠忌法要を厳修し終えた直後の一九六一年八月十日、量深は満八十六歳になるこの年、老齢ながら大谷大学の学長に就任します(1)。この学長職は、その後、一九六七年八月までの二期六年をつとめあげました。学長就任の際の挨拶として、量深は次のように述べています。

本学は清沢満之先生を父とし、南条文雄先生を母として生い立って来たのでございます(2)。

今日こそ、清沢、南条両先生の御精神、佐々木学長が「本学樹立の精神」という一文を残された、それに学ぶべきであります(3)。

この大谷大学は、宗門子弟の教育に尽力された初代学長・清沢満之の

南条文雄（一八四九〜一九二七）
日本第一号の文学博士となった仏教学者。真宗大学第二代学監。著書に『懐旧録』、訳書に『梵文和訳仏説無量寿経』等。

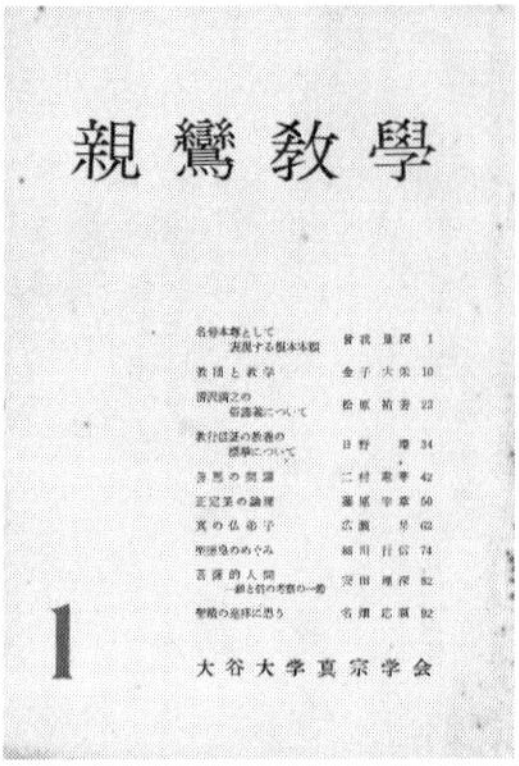

『親鸞教学』創刊号

信念と、第二代学長・南条文雄の温厚な徳によって生まれてきた。その精神は第三代学長の佐々木月樵が述べた「大谷大学樹立の精神」にある通り、仏教を学として社会・世間に開放していくことにある。そのことを、学生・教職員にしっかりと学んでほしいと述べ、量深はこの重任に就いたのでした。

量深が学長に就任したことを機に、学内では時代の教学を担う真宗学のあり方が深く検討・内省されました。そのなかで、真宗学会誌として従来発刊されていた『聞思《もんし》』が、「広く学外に公開するものとしたい[4]」という願いのもと、量深の命名で『親鸞教学』と改題され、年二回の発行として一九六二年十二月に新たに創刊されました。

量深は、大学院の講義として、学長就任後の一九六二年度は「教行信証大綱」、その翌一九六三年度からは毎年「真宗大綱」の講題で、没する前年まで学生たちに語りました。その講義は、逐次『親鸞教学』に掲載され、それは量深の没後にも続けられていきます。『親鸞教学』は「曽我量深先生によって命名され、金子大榮先生の呼応して立たれたところから出発した[5]」のであり、大谷大学真宗学会はまさに量深と金子の思索を軸として展開していったのです。

『中道』創刊号

第二節　晩年の説法獅子吼

　戦後、量深の思索の多くは真人社の機関誌『真人』において公開されていました。しかし『真人』は、一九六二年四月発行の第一五五号をもって廃刊します。その後、この『真人』とは全く別のところから、新たに宗教雑誌『中道《ちゅうどう》』が創刊されました。編集・発行を担ったのは、東京の津曲《つまがり》　淳三《じゅんぞう》と長谷川《はせがわ》耕作《こうさく》です。津曲は『親鸞の仏教史観』を読んで一念発起し、量深に随行して聞法に励み、量深の言葉を世に遺すことに生涯尽力しました。またその妻・津曲篤子《あつこ》が立ち上げた彌生書房からは、後に『曽我量深選集』をはじめ、多くの量深の著述が刊行されました。

　『中道』は、一九六二年十一月から量深が没する直前の一九七一（昭和四十六）年二月まで毎月発行され、全百号をもって終刊しました。その全ての号に量深の講話が掲載されており、量深の思索はこの『中道』によってリアルタイムで公開されていったのです。しかもそれは特定の場所だけでなく、松原祐善が「晩年死に及ぶまで、日本の全国を南船北馬して自信教人信《じしんきょうにんしん》の誠《まこと》を尽された」[6]と述べたような、全国各地の市井の人々に語られたものでした。

『中道』には、量深の講話とともに、座談会や折々の言葉、日録なども記されており、後にはそれぞれ単行本化されていきました（『曽我量深講話録』全五巻、『親鸞との対話』、『親鸞の大地』など）。それら折々の言葉から、印象深いものを一つ紹介しましょう。一九六六年七月二日に富山・月愛苑《がつあいえん》で一人の女性に語られた言葉です。

如来に信ぜられ
如来に敬せられ
如来に愛せらる
かくて我等は
如来を信ずることを得る[7]

さて、一九六五（昭和四十）年十月十六・十七日の二日間にわたって、量深の満九十歳（親鸞聖人の年齢にまでなられたこと）を祝う記念会が行われました。発起人は、鈴木大拙、金子大榮、宮本正尊、山口益、訓覇信雄です。大谷大学講堂での記念講演において量深は、「如来あっての信か、信あっての如来か」という題目を掲げました。

この題目について量深は、講演の冒頭で、かつて明治時代、東京の真宗大学で学監をしておられた清沢満之先生が学生に与えられた問題であるといいます。しかし、量深は若い頃に聞いたその問題を長らく忘れていた。ところが、今年になって忽然《こつねん》と思い出したというのです。そしてそのことを次のように語りました。

> やはり、この心の深いところ、いわゆる深層意識とでもいうのでありまするか、とにかく心の深いところに、先生の掲げられた問題、そういうものが生きておった。生きておって、そうして自分を育てた、自分を指導してくださったのにちがいない。(8)

こうして、直接意識していなくとも、清沢の養育が終生自分を導いていたのだと、その恩徳を讃えつつ、量深はこの難問に応答していきます。そして、この講演が翌年に出版される際、量深はあらためて書名を考え、「我如来を信ずるが故に如来在ます也」と揮毫《きごう》したのでした。(9)

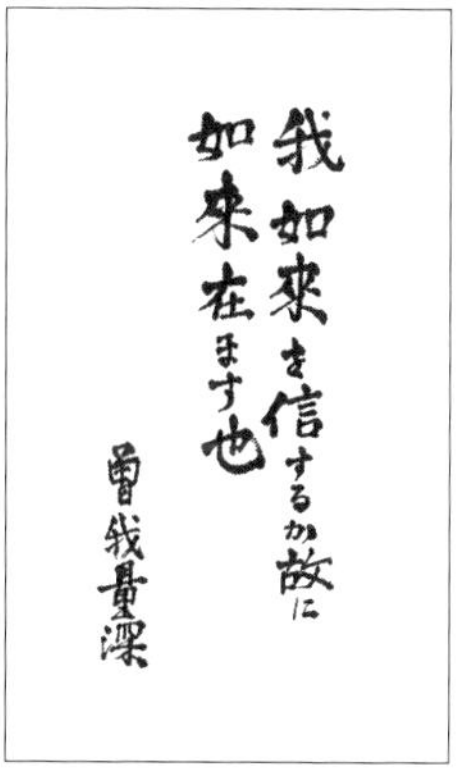
我如来を信ずるが故に
如来在ます也
曽我量深
曽我量深揮毫題簽　『我如来を信ずるが故に如来在ます也』（彌生書房、一九六六年）より転載。

ともしび

六月号

仏道と菩薩道

『ともしび』一九六五年六月号

また、定期的な量深の講演もありました。その代表が京都の高倉《たかくら》会館での講演です。高倉会館はもともと東本願寺の学寮の講堂であり、一九二三（大正十二）年に聞法の道場として改築された由緒ある建物です。量深が初めてこの場に立ったのは、一九二七（昭和二）年四月の開宗紀念講演会でした。[10] その後、一九四六（昭和二十一）年十二月から一九七〇（昭和四十五）年十月までほぼ毎月一回日曜講演に、また毎年の御正忌報恩講での親鸞聖人讃仰講演会やその他の記念講演に出講していました。特に日曜講演は、しだいに毎年一つの講題を掲げ、それを一年間通して話していくという形式になっていきました。この高倉会館での講演は、聞法誌『ともしび』に随時掲載され、また『曽我量深説教集』全十巻（法藏館）として刊行されています。

一九六八年八月十九日には、出生地の新潟県西蒲原《かんばら》郡味方《あじかた》村から、元京都大学総長の平澤興とともに名誉村民の称号を贈られました。その味方村には、一九九一年に曽我・平澤記念館が建てられています。

第三節　『中道』誌差別事件

宗祖親鸞聖人七百回御遠忌の後、訓覇内局によって同朋会運動が進められていきましたが、この運動に対しては批判的な立場もありました。そして、宗門政治における与野党の激しい紛争となっていきました。その後、宗議会議員選挙で与野党が逆転、訓覇内局は下野し、一九七〇（昭和四十五）年二月に名畑応順《なばたおうじゅん》内局が成立しました。こうした状況のなか、大谷派の宗政は混迷を深めていきます。

時を同じくして大谷派では、一九六七年に起こった難波別院輪番差別事件を契機とし、いくつもの差別事件が表面化していきます。そこで教団の差別体質が厳しく問われ始めていました。そして量深も、講演の場でのある発言が問われることになります。

一九七〇年九月四日、新潟の大谷派三条別院での「宿縁《しゅくえん》と宿善《しゅくぜん》」という講演において、量深は真宗教団のあり様について、独り善《よ》がりで閉鎖的であることを憂いた発言をしました。その発言において差別言辞が語られたのです。

　　真宗二百二十万の人がいくら大きい声を出して南無阿弥陀仏称えたからというて、それは特殊部落みたいなもの、何も自慢にならぬ。[11]

　教団の閉鎖性を指摘しようとして語られた「特殊部落」とは、近代において被差別部落を指して用いられる差別語です。その差別表現が発言者の量深はもちろん、聴衆や編集者からも指摘されることなく、同年十月一日発行の『中道』誌に掲載されました。同月中旬にはその問題性が指摘され、十八日の高倉会館日曜講演後に真宗同和問題研究会（真同研）の朝野《あさの》温知《おんち》、橘《たちばな》了法《りょうほう》、藤谷《ふじたに》俊雄《としお》、木越《きごし》樹《たつる》が量深に面会し、考えを聞くことになりました。その場には、他に量深門下の伊東《いとう》慧明《えみょう》と藤《ふじ》代聡麿《しろとしまろ》、中道社の長谷川耕作と津曲淳三が立ち会いました。

　真同研の代表者からの問いかけに対し、量深はしばらくの間、沈思しました。周囲からは弁護的な発言も出ましたが、それを遮《さえぎ》って量深は、次の言葉を発しました。

この言葉は使ってならないということを重々知っておりながら、この言葉によって著しく傷つけられるお方々が現実にあるということに思い至らなかったことは、私の認識が至らなかったことでありまして、省みてまことにお恥ずかしい次第であります。（中略）私どもは劣等感を持っている。劣等感を持っておるものだから善人を気取っておる。定散自力の善人。だから機の深信は主として劣等感から救ってくださるのであると私は前からそう了解しております。（中略）私もそんな差別言辞を使ったということは、自分が差別者として機の深信を欠いていることを曝露《ばくろ》した、お恥ずかしいことであります(12)。

こうして量深は、率直に懺悔《さんげ》の言葉を表明しました。このとき量深の脳裏には、かつての「自己を弁護せざる人」としての清沢満之の姿が浮かんでいたともいわれます(13)。この量深の「差別者として機の深信を欠いている」という自己批判の言葉は、「異《こと》なるを歎《なげ》く」と題された文章にされ、中道社から長谷川・津曲による「お詫び」とともに『中道』号外として購読者に発送されました。

真同研は、この「異るを歎く」について「真宗の原点をふまえて、問題解決の端緒《たんちょ》をひらいたもの」として評価します。その上で、「このような厳しい自己反省が、いま真宗の教学的立場から現実の社会問題全体におし拡げられなければならない」と問題提起をしていきました(14)。

一方、すでに部落解放同盟よりたびたびの糾弾《きゅうだん》を受けていた当時の大谷派宗務当局は、事態収拾のため、量深に侍董寮《じとうりょう》の寮頭ならびに出仕の辞職を勧告します。それによって量深は、十月二十六日付で侍董寮寮頭を辞任、また十一月三日付で宗務顧問も解任となりました(15)。また、侍董寮出仕の辞職は拒否していましたが、これも翌年五月二十七日付で罷免となったようです(16)。

このように、宗門全体の問題として問われた差別体質を省みるのではなく、問題の責任を一個人に押しつけるかのような当局の態度に対しては、量深も正義感が欠けているのではないかと述べるほかありませんでした。

　私は全世界に教団を解放して行くとそういう事を始終願っている。そういう私を幽閉して、曽我が自由に日本全国に十方遊歩して仏法の話をする事の出来ないようにしようということを計画した、けれども、そういうことは出来なかった。彼等は自ら教団を特殊社会にしている。愚かな事だが、罪の深い事だ。(中略)

とにかく大菩提心というのは正義に生きることだと思う。阿耨多《あのくた》羅三藐三菩提《らさんみゃくさんぼだい》は正義感だと思う。正義を感ずる感覚を仏の智慧と私は解釈する。仏法には正義ということが大切だ。正義の為に身命を懸けている、利己主義でない、それが大菩提心、阿耨多羅三藐三菩提でないか。(17)

阿耨多羅三藐三菩提　[梵]アヌッタラ・サンミャク・サンボーディの音写。この上ない仏の覚りのこと。無上正等菩提、無上正真道、無上正遍道などと漢訳する。

第四節　純粋未来

ところで、事件の発端である講演の「宿縁と宿善」とは変わった題目です。この講題は、一九七〇年度の高倉会館日曜講演の題目でもあり、最晩年の量深における思索の中心テーマでした。そこで問題とされていることは、戦後に量深のなかで展開していた第十七願と第二十願との対応です。それはすでに見たように、信心の閉鎖性、ひいては教団・国家の閉鎖性・独善性がいかに超えられるのかを課題とし、そこに機法の分限の自覚を明らかにしようとするものでした。

その課題が、最晩年には「宿」、すなわち「過去世」と結びつけて考えられるようになりました。その背景には、親鸞聖人の主著『教行信証』で、「総序」に「遠く宿縁を慶《よろこ》べ」[18]とあり、また『平等覚経』（『無量寿経』の異訳）の「宿世の時に仏を見たてまつれる者、楽《この》みて世尊の教を聴聞せん」[19]という言葉が引用されているということがありました。ここに、聞法の因縁として「宿世」が説かれているのです。しかもこの経文は、第十七願を論じる「行巻」と第二十願を論じる「化身土巻」に二度引かれています。量深は第十七願と第二十願とを考究するうちに、次第にこの点に着目していきます。そして一九六九年十二月に「二十の願は宿善の願で機につき、また十七願は宿縁の願で法につく」[20]と、「第十七願＝宿縁＝法」、「第二十願＝宿善＝機」としてたずねあてました。それは、過去世より諸仏から念仏の教え（法）を頂いてきた（宿縁）のであり、その念仏がこの身（機）に沁み込んでいる（宿善）ということです。

問題となっていることは、一九七〇年十月二十五日の講演「宿縁と宿善」では、「自分は本願を信じておると思うておるけれども、本当は信じておらんのだ。そういう間違いはあるものでありますよ[21]」といわれています。われわれは本願を信じていると思っているけれども、本当は疑っている。そのような自分に、時節到来して真実の信心が開けてくるということがある。それが一体どういうことなのか、ということです。そのことを、次のように述べています。

二十の願と十七願は、この生だけではなしに、この生已前《いぜん》から世々生々の永い間に仏様のお育てを頂き仏法を聴聞して来た、そういう事があって今日始めて「聞其《もんご》名号《みょうごう》、信心歓喜《しんじんかんぎ》、乃至一念《ないしいちねん》」とそういう信心の華が開けるということが出来る。これは永い間のお育てというものがあって今日在るのであると感謝する――わが力ではなくて、これ皆仏様の永い間のお育てによって今日仏法を分らせて頂いたのだと――こういうのが「有難《ありがた》い」という言葉であろうと思います[22]。

信心が開けてくるのは「わが力」ではない、私が思うより遥か以前からの諸仏のお育てがあったのだと、量深は確かめていきます。ここに、世々生々と迷いを繰り返し続けてきた過去が、その迷いに寄り添い続けてきた諸仏の永き養育の歴史へと意味が転換するということがあります。それは同時に、仏の養育に出遇いながら、その仏に背き続けている自己を知ること、極難信《ごくなんしん》と知ることでもありました。

このような過去の意味の転換は、同時期に「私は、此の頃自分に考える事はですね。未来という事を考えるんです」(23)と述べられているように、未来の問い直しに繋がっていきます。仏教で説かれる未来、「未来の往生」として語られる未来は、われわれの一般常識でいうところの未来と同じなのかどうか。

そこで量深は、インド仏教の薩婆多部《さつばたぶ》(説一切有部《せついっさいうぶ》)の議論において、三世について二種あるとされていることを紹介します。それは〈過去→現在→未来〉と次第する「善悪業感《ぜんあくごうかん》の三世」と、反対に〈未来→現在→過去〉と次第する「法性《ほっしょう》 生起《しょうき》の三世」という二種です。量深によれば、善悪業感の三世とは通常の我々の考え方で、過去の業によって現在を得、現在の業によって未来の果を得るというように過去に根をもつものです。そうすると、過去に縛られ、未来は暗い流転となってしまう。反対に法

薩婆多部 ［梵］サルヴァースティヴァーダの音写。部派仏教のなかで最も優勢であった部派の一つ。

性生起の三世は、仏の歴史の世界であり、その出発点が未来とされます。そこでの未来とは、あらゆる力が満ち満ちた空《くう》の世界であり、人間の煩悩・妄念の垢のない世界であって、その未来から仏は現在してくるのだといいます。そして過去に縛られ暗い未来しか思うことのできないわれわれが、未来の光の世界から現れる仏と出遇うところに現在の信の一念があり、われわれの心に浄土が開けてくる。量深はこのような未来に「純粋未来」[24]という独自の思想表現を与え、それは金子大榮が語る「彼岸の世界」であるともいいました。[25]こうして量深は『未来の往生』と説かれる救済の意義を確かめ直していったのでした。

第五節　命　終

老齢となっても講演の巡回を続けていた量深でしたが、一九七〇年十一月二十二日の三重県での講話「浄土の真宗」が最後のものとなりました。[26]量深は東京に滞在中、バランスを崩して宿の落縁《おちえん》から庭に落ち、頭を打ったといいます。[27]その後遺症から神経痛が進み、一九七一（昭和四

金子大榮と曽我量深（一九六一年、東本願寺出版蔵）

十六）年二月頃から気分がすぐれず、三月九日に全く床《とこ》に臥《ふ》すことになりました(28)。

病気の痛苦のなか、量深は「もう自分の仕事はみな終わった」といい、食事を断ち、命を終えていこうとします。周りの者は、何とかもう一度元気になってもらいたいと思い、三月十五日、量深への呼びかけを金子大榮に願いました。そして金子の言葉を録音し、これを量深に聞かせたところ、量深は思い直して「これからはみなさんにおまかせします」と述べ、水を飲み、食事をとるようになりました。そうしたことがあり、急遽三月十七日、金子が病床の量深を見舞いました。そこで二人の最後の対話がなされます。

曽我先生　まあ、人間はですね、生まれてきたというのは、一切衆生の宿業をですね、それを、まあ、道徳としてですね、責任ですね。責任と義務というものでもって、担うておりますわね。

金子先生　はい、わかりました。わかります。

曽我先生　担う力のない者がですね、人間には、みな担わなければなりません。それを、仏さまが新しい世界を開く。新しい世界というのは未来の世界。未来からはじまる世界、永遠に未来の世界、それを仏さまは願心によって、あるときは現在を荘厳《しょうごん》し、あるときは過去として教えてくださるのであります。仏さまの世界は、現在も過去もみな未来です。

わたしは金子先生のお話は長い間わかりませんでした。いま、やっと、少しばかりわかりました。わたしどもの世界は、現在というても、未来というても、みんな過去の連続であります。だからして、過去は終わりません。わたしどもの現実では、現在というても、結局は永遠の現在なんてものはありませず、ただ、瞬間的現在しかありませんわね。わたしどもの宿業の世界では、未来といいましても、〝無有出離之縁《むうしゅつりしえん》〟ということでございますね。

それで、まあ、金子先生からして、〝彼岸の世界〟ということ、ずっと昔からお聞きしておるのでありますけれども、それがなかなか、鈍根の機でありますからして、よくいただかれないで。それが、この頃、やっと、いろいろ少しばかりわからしていただきまして、未来の安楽浄土、自然法爾《じねんほうに》の世界……南無阿弥陀仏。(29)

無有出離之縁　「出離の縁有ること無し」とよむ。迷いを離れる手だてがまったくないこと。善導大師の『観経疏』における「機の深信」中の言葉。

量深は、病身の痛苦に直面しながら、なお周囲の者の願いを聞き入れ、再び立ち上がろうとしていました。そこで担う力のない者に、仏の方から未来の世界を開いてくださるのだと量深は語ります。ここでいう未来とは、「純粋未来」と表現されていたものです。その未来が、量深に再び一切衆生の宿業を担って立ち上がる勇気と力を現に与えているのです。

二人の対話はさらに次のように続いていきました。

曽我先生　八正道には正見からはじまりまして、正思、正語、正業、正命、正精進、正念、正定とあります。あの〝正念〟という言葉を、善導大師は始終お使いになられました。

一心正念にして直ちに来れ（『観経疏』「散善義」）

それから『教行信証』にも、

称名はすなわちこれ最勝真妙の正業なり。正業はすなわちこれ念仏なり。念仏はすなわちこれ南無阿弥陀仏なり。南無阿弥陀仏はすなわちこれ正念なりと、知るべしと。（「行巻」）

だから、憶念ということ。憶念によって〝正念〟をうる。『憶念の心つねにして』（『浄土和讃』）。つまり、〝正念〟をうるからして、わたしどもは仏恩を報ずる。〝正念〟が仏恩を報ずる思いになって、〝正念〟に住しておるということを証明してくださる。つまり、『弥陀の名号となえつつ』（同上）のご和讃は『巻頭和讃』と申しまして、ご開山さまの教えを、一首のご和讃にお述べなされて。この頃、〝正念〟ということを考えさせられました。〝正念〟ということは〝平常心〟。

金子先生　〝平常心〟はい。〝平常心〟。

曽我先生　〝平常心これ仏道〟。

金子先生　〝平常心これ仏道〟なるほどね。そうですか。

曽我先生　そういうことを、この頃まあ、わからせていただきました。安田（理深）さんも見舞いにきてくだされました。安田さんも、『こういうことははじめて聞いた。考えてみたこともない』と喜んでくださいました。

金子先生　〝平常心これ仏道〟。

曽我先生　おたすけということは、〝平常心〟をあたえてくださること。凡夫には〝平常心〟はありません。仏は凡夫に、お念仏の本願によって、南無阿弥陀仏をあたえてくださいました。そして、南無阿弥陀仏によって、〝正念〟という〝平常心〟をあたえて、そうして、わたしにご催促くださいました。『南無阿弥陀仏はすなわちこれ正念なりと、知るべし』と『行巻』にあります。(30)

量深は、釈尊の初転法輪《しょてんぽうりん》（最初説法）で説かれたとされる八正道に思いを致し、特にその「正念」が善導大師、そして親鸞聖人の教えに至って南無阿弥陀仏という憶念によって実現するのだと語ります。さらにはそれを「平常心」だとも言い換えています。「平常心是道」とは禅の『無門関《むもんかん》』にある言葉ですが、鈴木大拙が大事にしていた言葉でもありました。かつて清沢満之の五十回忌に際し、「私は清沢先生の辿《たど》られた道を思う時、仏教は釈尊に帰らねばならぬと思う(31)」と述べていた量深ですが、釈尊の初転法輪から親鸞聖人に結実している教えの伝統、さらに同時代の仏者との交わりをも通して、実感をもって語るのでした。

その後、三月二十二日には周囲の勧めで京都第一日赤病院に入院しますが、二か月後の五月二十一日に本人の希望で退院、京都東山・今熊野の自宅へ帰りました。病床に臥して以来、月愛苑の佐伯《さえき》静《しずか》苑主が付き添い続けました。

また、全国から量深を慕う人々がお見舞いにやって来ました。量深はそれぞれの人にあわせた言葉を遺していきました。特に六月六日の臘扇《ろうせん》忌《き》（清沢の命日）の日には多くの人が見舞いに来たといいます。その一人であった寺川俊昭は、この時に量深から次の言葉を聞き受けたと伝えています。

清沢先生について多くの方は、「精神一偏の人」とおっしゃいますが、決してそうではありません。先生にはとても強い、教化への願いがありました。浩々洞の精神主義は、先生の社会教化の実践でありました。また真宗大学の東京での開校は、先生の学校教育の実行でありました。

だから、清沢先生に教えられて真宗を学ぶ人は、決して研究室にだけ閉じこもっておられてはいけません。(32)

量深は最晩年に至って、清沢満之の教化の願い、そしてその実践を憶念していました。病床にあって、見舞いに来た一人ひとりに対して言葉を遺し続けていったのも、量深自身が最後までその願いに生きようとしたためでしょう。
一九七一年六月二十日十二時三十六分、量深は九十五年九か月余りという生涯を終えました。葬儀は二十二日午前十一時より京都の自宅で営まれ、金子大榮が次の「おわかれのことば」を述べました。

先生お別れの言葉を申させていただきます。顧《かえり》みれば御知遇を忝《かたじけな》うせし已来七十年、真宗教学の眼を開かして頂いて已《すで》に五十年を超しております。その間、御著作を精読し、御講義御講話をかかすことなく拝聴せる時もありました。その卓抜なる御学識と甚深なる御体験とは、まこと（に）追随のできぬものであります。されどその間に先生からいただいて、私の身につい（て）離れないものがあります。それは私が大切に保存しているというようなものではなく、かえって私を護持して来ました。それは、おんなき後も私を何かの御用にたたせる力となるでありましょう。有難うございました。

三月、御病床をお見舞いせる時に先生は、平常心これ正念と話されました。一昨日、御臨終の御姿は、いかにもこれこそ涅槃寂静《ねはんじゃくじょう》というものであろうかと拝せられました。そのお言葉も思い、そのお姿を見たる私には、如来の来現といい、本土に還帰すという事実を疑うことができません。

さらばここで悲しみの心を押えて、謹しんで御西帰をお見送りさせていただきます。そして遠（か）らず私も御もとに……。

金子大榮(33)

激動の時代のなか、どこまでも如来の本願を憶念し、自己の身の懺悔に立ち帰りながら、そこに一切衆生の宿業を担う大地を見出していった量深の生涯は、金子が語る通り「涅槃寂静」と拝せられる終わりを迎えました。それはまさに、親鸞聖人が記された「念仏衆生は、横超《おうちょう》の金剛心を窮《きわ》むるが故に、臨終一念の夕《ゆうべ》、大般涅槃《だいはつねはん》を超証《ちょうしょう》す」(34)というべき歩みであったのです。

注

(1)『真宗』一九六一年九月号・二六頁。
(2)「大学の父母——学長就任のことば」、『大谷大学百年史〈資料編〉』五九二頁。
(3)『大谷大学百年史〈資料編〉』五九六~五九七頁。
(4)『親鸞教学』第一号(一九六二年)一〇四頁。
(5)『親鸞教学』第二号(一九六三年)一一二頁。
(6)『仰せをこうむりて』一四二頁。
(7)『親鸞との対話』八頁。
(8)『選集』一二・一四七~一四八頁。
(9)『我如来を信ずるが故に如来在ます也』一一七頁。
(10)『真宗』一九二七年五月号・本山彙報九頁。
(11)『中道』第九六号(一九七〇年)一八頁。
(12)『部落問題学習資料集〈改訂版〉』九四~九五頁。
(13)『松原祐善講義集』第二巻、四二頁。
(14)『部落問題学習資料集〈改訂版〉』九一~九二頁。
(15)『真宗』一九七一年一月号・一八頁。
(16)『浄土仏教の思想』第一五巻、二三二頁。
(17)津曲淳三「天地正気あり」、『中道』第九九号(一九七一年)四四~四五頁。
(18)『真宗聖典』一六〇頁(初版一四九頁)。
(19)『真宗聖典』四〇八頁(初版三四八頁)。
(20)一九六九年十二月十一日、「第二十願の内景」、『親鸞教学』第三三号(一九七八年)六七頁。
(21)『選集』一二・四〇三頁。
(22)『選集』一二・四〇八~四〇九頁。
(23)一九七〇年十一月九日、『未来について』五頁。
(24)「純粋未来」の語の初出は一九二三年七月。『選集』四・一〇六頁。
(25)一九七〇年十月十五日、「純粋未来の象徴」、『親鸞教学』第一八号(一九七一年)五頁。
(26)『浄土の真宗』三四一頁。
(27)伊東慧明「解説〈信に死し願に生きよ　曽我量深——その人と思想〉」、『真宗大綱　曽我量深講義録　下』三二一頁。
(28)松原祐善「正念に住す」、『仰せをこうむりて』二七六頁。
(29)伊東慧明「解説〈信に死し願に生きよ　曽我量深——その人と思想〉」、『真宗大綱　曽我量深講義録　下』三二五~三二六頁。
(30)同三二九~三三〇頁。
(31)『選集』一一・二五八頁。
(32)寺川俊昭「曽我量深師はこう語った」、『寺川俊昭選集』第一〇巻、三七八頁。
(33)『仰せをこうむりて』三一七~三一八頁。
(34)『真宗聖典』二八四頁(初版二五〇頁)。

参考文献

『曽我量深選集』全十二巻（彌生書房、一九七〇～一九七二年）

『曽我量深講義集』全十五巻（彌生書房、一九七七～一九九〇年）

『曽我量深説教集』全十巻（法藏館、一九七五～一九七八年）

『曽我量深説教随聞記』全四巻（法藏館、一九七七～一九七八年）

『曽我量深先生講話集』全五巻（月愛苑、一九六八～一九七〇年）

『曽我量深講話録』全五巻（大法輪閣、二〇一五～二〇一六年）

『曽我量深研究誌　行信の道』全四輯（行信の道編輯所、一九七一～一九七三年）

『曽我量深対話集』（彌生書房、一九七三年）

『曽我量深　明治三十五年論稿集　宗教の死活問題』（彌生書房、一九七三年）

『曽我量深伝資料（一）　真宗再興の歩み』（彌生書房、一九七五年）

『親鸞との対話』（彌生書房、一九八二年）

『真宗文庫　親鸞の世界』（東本願寺出版部、二〇一一年）

『聞思の人　曽我量深集』上・下（東本願寺出版部、二〇一一・二〇一三年）

『真宗大綱　曽我量深講義録　下』（春秋社、二〇一一年）

『真宗教学の中心問題』（真人社出版部、一九五三年）

『我如来を信ずるが故に如来在ます也』（彌生書房、一九六六年）

『超えて貫く』（専徳寺聞光会、一九六七年）

『日本世界観』（彌生書房、一九七四年）

『浄土の真宗』（中山書房、一九八〇年）

『未来について』（文明堂、一九八六年）

『部落問題学習資料集〔改訂版〕』（真宗大谷派宗務所、二〇一三年）

「大恩深く報ずべし――曽我量深先生頌寿祝賀謝恩会の記録」、『中道』第四〇号（一九六六年）

『曽我量深先生追悼講演集　光輪』（光輪会事務所、一九七五年）

『仰せをこうむりて　曽我量深先生鸞音忌記念講演集』（文栄堂、一九七七年）

『大谷中高等学校九十年史』（大谷中高等学校、一九六四年）
『大谷大学　近代百年のあゆみ』（大谷大学、一九九七年）
『大谷大学百年史〈通史編〉』（大谷大学、二〇〇一年）
『大谷大学百年史〈資料編〉』（大谷大学、二〇〇一年）
『大谷大学百年史〈資料編別冊　戦時体験集〉』（大谷大学、二〇〇四年）
『教化研究』第六六号「特集　曽我量深先生」（教学研究所、一九七一年）
『教化研究』第一六一号「特集「近代教学」再考（上）」（教学研究所、二〇一七年）
『教化研究』第一六三号「特集「近代教学」再考（下）」（教学研究所、二〇一九年）
『教化研究』第一六七号「特集　曽我量深没後五十年」（教学研究所、二〇二一年）
『関根仁応日誌』全八巻（教学研究所、二〇〇六〜二〇一六年）
『清沢満之全集』全九巻（岩波書店、二〇〇二〜二〇〇三年）
『資料清沢満之〈資料編〉』（同朋舎出版、一九九一年）
『精神界』復刻版（法藏館、一九八六年）
『教界時言』復刻版、全三巻（不二出版、二〇一八年）

暁烏敏『暁烏敏日記』上・下（暁烏敏顕彰会、一九七六・一九七七年）
暁烏敏全集刊行会『暁烏敏全集』第三部第二巻（香草舎、一九六〇年）
伊東慧明「曽我量深——真智の自然人」、『浄土仏教の思想』第一五巻（講談社、一九九三年）
伊東慧明「法蔵菩薩——曽我量深先生の生涯を貫くもの」、『親鸞教学』第六四号（一九九四年）
大谷栄一『日蓮主義とはなんだったのか——近代日本の思想水脈』（講談社、二〇一九年）
小野正康「次第相承の善知識のご縁ありがたく存じ候」、『親鸞教学の日本学的研究』（山喜房仏書林、一九六七年）
加来雄之「内観の系譜」、『親鸞教学』第五八号（一九九一年）
加来雄之「真宗近代教学における唯識学研究——曽我量深・安田理深の教学の意義」、『真宗総合研究所研究紀要』第九号（一九九二年）
加来雄之「宗教的人格の探求——曽我量深における法蔵菩薩論」、『親鸞教学』第七二号（一九九八年）
加来雄之「清沢満之における宗教言説の問い直し」、『親鸞教

学』八二・八三号（二〇〇四年）
訓覇信雄論集刊行会編『訓覇信雄論集』第二巻（法藏館、二〇〇一年）
現代宗教研究所編「近代真宗（大谷派）の歩みと宗学——曽我量深老学匠と茂田井教亨教授の対談記録」『現代宗教研究所所報』第三号（日蓮宗宗務院、一九六九年）
近藤俊太郎『親鸞とマルクス主義——闘争・イデオロギー・普遍性』（法藏館、二〇二一年）
斎藤唯信『斎藤唯信遺稿　松堂九十年史』（斎藤孝、一九五九年）
島薗進『国家神道と日本人』（岩波書店、二〇一〇年）
シュローダー・ジェフ「戦争時代に相応の教学——曽我量深と大谷派教団について」、『近代仏教』第二九号（二〇二二年）
シュローダー・ジェフ（碧海寿広訳）「仏教思想の政治学——金子大榮の異安心事件をめぐって」、『清沢満之と近代日本』（法藏館、二〇一六年）
末木文美士「宗派の壁は超えられるか——曽我量深の「日蓮論」をめぐって」、『思想としての近代仏教』（中央公論新社、二〇一七年）
鈴木弘「鹿子木員信博士を憶う」、『一爐の香　増補版』（法藏館、一九八五年）
高山樗牛『樗牛全集』第四巻（博文館、一九〇五年）
武田未来雄「親鸞における時の問題——曽我量深の時間論を中心として」、『真宗教学研究』第二三号（二〇〇二年）
立川武蔵『仏教史』第二巻（西日本出版社、二〇二一年）
田辺元『懺悔道としての哲学』、『田辺元全集』第九巻（筑摩書房、一九六三年）
田原由紀雄・橋川惇『傑僧　訓覇信雄』（白馬社、一九九九年）
津曲篤子『夢よ消えないで——女社長出版奮闘記』（彌生書房、一九九六年）
津曲淳三「天地正気あり」、『中道』第九九号（一九七一年）
津曲淳三『親鸞の大地　曽我量深随聞日録』（彌生書房、一九八二年）
寺川俊昭「曽我量深における法蔵菩薩の探求」、『親鸞教学』第六四号（一九九四年）
寺川俊昭「如来、我となりて我を救う——法蔵菩薩を問う曽我量深」、『往生そして浄土の家族』（文栄堂、一九九六年）
寺川俊昭「曽我量深師はこう語った」、『寺川俊昭選集』第十巻

（文栄堂、二〇一〇年）
中島岳志『親鸞と日本主義』（新潮社、二〇一七年）
中村了権「曽我量深　大地の人間」、『親鸞に生きる人間像』（文明堂、一九六五年）
長川一雄「安田先生の想い出」、『安田理深選集』第十五巻上月報（文栄堂、一九八四年）
名和達宣「「三願転入」論の波紋――曽我量深から京都学派、現代へ」、『近現代『教行信証』研究検証プロジェクト研究紀要』第二号（二〇一九年）
名和達宣「真宗大谷派の教学と日本主義――曽我量深を基点として」、石井公成監修・近藤俊太郎・名和達宣編『近代の仏教思想と日本主義』（法藏館、二〇二〇年）
西田幾多郎『西田幾多郎全集』第二三巻（岩波書店、二〇〇七年）
西田真因「解説」、『真宗文庫　歎異抄聴記』（東本願寺出版部、一九九九年）
西田真因「『中道』誌事件――言語表現の差別性はどこで生まれるか」「同（その二）」、『真宗宿業論　西田真因著作集』第二巻（法藏館、二〇〇二年）
西本祐攝「現在の信念における無限大悲の実現――清沢満之における「現在安住」の時間的側面に関する考察」、『親鸞教学』第八七号（二〇〇六年）
橋本佳周「米北教校――明治の学びや興亡記（全六回）」、『新潟日報』（二〇一六年六月二一日～二九日）
長谷正當『浄土とは何か――親鸞の思索と土における超越』（法藏館、二〇一〇年）
長谷川耕作「部落解放と解放浄土」、『中道』第九九号（一九七一年）
速水馨「国土の祈りと本願――宿業本能を主題として」（二〇一九年、https://kkhayami02.wixsite.com/nenkyouji）
坂東性純「鈴木大拙師の『教行信証』英訳本に学ぶ」、『現代と親鸞』第七号（二〇〇四年）
平川彰「如来蔵としての法蔵菩薩」『恵谷先生古稀記念　浄土教の思想と文化』（佛教大学、一九七二年）
広瀬明『若き求道者の日記』（彌生書房、一九七〇年）
広瀬杲編『両眼人――曽我量深　金子大榮書簡』（春秋社、一九八二年）
広瀬杲『序説　浄土真宗の教学』（文栄堂書店、一九九二年）

福島和人『親鸞思想　戦時下の諸相』（法藏館、一九九五年）
藤原智「曽我量深の「往生と成仏」論について」、『親鸞教学』第一一〇号（二〇一九年）
松岡譲『法城を護る人々』下（第一書房、一九一六年）
松原祐善「鸞音会のころ　回想の曽我量深1」、『ひとりふたり』（法藏館、一九八一年）
松原祐善講義集編纂委員会編『松原祐善講義集』第二巻（文栄堂、一九九一年）
松原祐善講話集刊行会編『松原祐善講話集　他力信心の確立』（法藏館、二〇一三年）
松山亮「大谷派内の思想家（1）」、『救済』復刻版第八巻（不二出版、二〇〇二年）
水島見一『近・現代真宗教学史研究序説――真宗大谷派による改革運動の軌跡』（法藏館、二〇一〇年）
水島見一「曽我量深の自覚道――「法蔵菩薩」論」、『親鸞教学』第九八・九九号（二〇一二年）
水島見一編『曽我教学――法蔵菩薩と宿業』（方丈堂出版、二〇一六年）
御手洗隆明「開かれた聞法道場――高倉会館の歴史をたどる」、『真宗』二〇一六年十二月号
蓑輪顕量「〈大乗非仏説論争〉再考――村上専精の意図」、オリオン・クラウタウ編『村上専精と日本近代仏教』（法藏館、二〇二一年）
三明智彰「昭和初年 曽我量深・金子大栄 大谷大学追放事件の研究」、『真宗総合研究所研究紀要』第八号（一九九一年）
三明智彰「曽我量深の法蔵菩薩論の形成過程とその原理」、『真宗総合研究所研究紀要』第一二号（一九九五年）
宮川泰生「「教学刷新」の宗教的展開――真宗大谷派の事例から」、『思想史研究』第一六号（日本思想史・思想論研究会、二〇一二年）
宮本正尊「教行信証と仏教」、『親鸞教学』第七号（一九六五年）
村上専精『仏教統一論　第一編　大綱論』（金港堂、一九〇一年）
森岡清美『真宗大谷派の革新運動――白川党・井上豊忠のライフヒストリー』（吉川弘文館、二〇一六年）
安田理深『親鸞における救済と自証』第一巻（東海相応学会、一九八八年）

安田理深『人間像と人間学――七回忌法要記念』（文栄堂、一九八九年）
安冨信哉「曽我量深の未来観」、『大谷学報』第五九巻第四号（一九八〇年）
安冨信哉「大悲の解釈学――鈴木大拙訳『教行信証』私見」、『現代と親鸞』第一〇号（二〇〇六年）
安冨信哉『真宗文庫　近代日本と親鸞――信の再生』（東本願寺出版、二〇一八年）
山田亮賢編『絶対他力道』（法蔵館、一九八八年）
ワルド・ライアン「明治・大正期大谷派における異安心問題――今日は地獄落の試験と極楽参りの試験をするのだ」、『東京大学宗教学年報』二二（二〇〇五年）

曽我量深関連年表

西暦	元号	満年齢	行実	主な論文・著作	社会・教団
一八七五	明治 八	○	九月五日 新潟県西蒲原郡味方村の円徳寺に誕生（戸籍上は三月二〇日）		
一八八一	一四	六	味方小学校入学		
一八八五	一八	一〇	四月 得度		
一八八八	二一	一三	米北教校に入学		七月 清沢満之、本山の要請により京都府立尋常中学校へ赴任
一八九三	二六	一八	九月 京都の真宗大学寮、専門別科二年に編入		六月 清沢満之、兵庫・垂水で療養
一八九四	二七	一九	七月 学制改変に伴い真宗第一中学寮、第一部五年へ編入		八月 日清戦争始まる
一八九五	二八	二〇	九月 真宗大学寮、本科第一部に入学		四月 東本願寺両堂落成 七月 清沢ら有志、本山に寺務方針の変革を訴える
一八九六	二九	二一	六月 学制変更により真宗大学、本科第一部に籍を置く 一一月 真宗大学学生、清沢満之らの改革派の動きに呼応し、宣言書を提出。量深も署名		一〇月 清沢満之ら教界時言社を設立

一八九七	三〇	二二	六月　新潟県南蒲原郡新潟村（現、見附市）、淨恩寺に入寺。曽我慧南の長女敬と結婚、姓を曽我に改める		二月　大谷派事務革新全国同盟会が結成
一八九八	三一	二三		「〔蓮如〕上人の真諦」 「真宗七祖の教系を論ず」	
一八九九	三二	二四	七月　真宗大学本科第一部卒業 大谷派から「学師補」授与 九月　研究院へ進学、「唯識」を専攻		
一九〇〇	三三	二五		「弥陀及び名号の観念」	一〇月　清沢満之・暁烏敏・佐々木月樵・多田鼎ら、浩々洞の共同生活始める
一九〇一	三四	二六	大学移転に伴い、東京に移る		一月　『精神界』創刊 一〇月一三日　真宗大学、東京移転開校
一九〇二	三五	二七	二月　真宗大学の教授となり、「因明」を講じる 一〇月　清沢満之の大学辞任と共に辞職	「精神主義」	二月　上野精養軒で京浜仏教徒懇話会開催
一九〇三	三六	二八	三月一八日　浩々洞入洞		六月　清沢満之没
一九〇四	三七	二九	七月　真宗大学研究院卒業	「日蓮論」連載	二月　日露戦争始まる

西暦	元号	満年齢	行実	主な論文・著作	社会・教団
			八月　大谷派から「学師」授与 九月　真宗大学教授に就任		
一九〇七	四〇	三二	三月　大谷派から「擬講」授与 三月　浩々洞を出て、小石川区駕籠町に移る		
一九〇八	四一	三三		「暴風駛雨」連載	
一九〇九	四二	三四		「自己を弁護せざる人」	
一九一一	四四	三六	九月　真宗大学の京都移転に伴い、辞職 一〇月　帰郷		四月　宗祖親鸞聖人六百五十回御遠忌厳修 八月　真宗大学移西が決定
一九一二	四五	三七	三月　浄恩寺住職となる	「我等が久遠の宗教」	
一九一三	大正　二	三八		「地上の救主——法蔵菩薩出現の意義」	
一九一六	五	四一	八月　生母逝去 九月　東洋大学教授となる 一〇月　東京駐在を命じられる 一〇月末　東京に出て『精神界』の編輯に就く	「祖聖を憶いつつ」	九月　金子、真宗大谷大学の教授となる
一九一七	六	四二	四月　東京帝国大学で「教行信証	「自己の還相回向と聖	

			研究会」（〜一九二〇年）を開く	教」	
一九一八	七	四三	四月　日本大学の講師となる		
一九一九	八	四四	二月　義母逝去 三月　『精神界』の廃刊を決める 六月　『大地』を創刊する 一二月　大谷派から「嗣講」授与		
一九二〇	九	四五	三月　実父逝去		
一九二二	一一	四七	五月　義父逝去 一〇月　金子と共に『見真』創刊	『救済と自証』（論集第一巻）	真宗大谷大学、大学令にもとづき「大谷大学」となる
一九二三	一二	四八			九月　関東大震災
一九二四	一三	四九	六月　病床の妻を連れて帰郷 九月　大谷大学教授に任命、東京駐在解役	『地上の救主』（論集第二巻）	
一九二五	一四	五〇	二月　妻敬が逝去 四月　京都に行き、大谷大学教授に就任 この頃、学生たちにより、量深宅での講義がはじまる（のちの鸞音会）		二月　金子大榮『浄土の観念』刊行 四月　治安維持法公布 五月　佐々木月樵「大谷大学樹立の精神」告示
一九二六	一五	五一	一月　金子を中心に『仏座』創刊 一一月　白勢孝一郎の娘・小春と再婚		三月　佐々木月樵没

西暦	元号	満年齢	行実	主な論文・著作	社会・教団
一九二七	昭和 二	五二		『如来表現の範疇としての三心観』	
一九二八	三	五三	三月 子息・信雄生まれる 六月 金子大榮、異安心問題により辞表提出。曇深も提出するが受理されず		三・一五事件
一九三〇	五	五五	三月 宗義違反の疑いにより辞意を決める 九月 興法学園が創設され、学生の指導に当たる		
一九三一	六	五六			九月 満洲事変
一九三三	八	五八		『本願の仏地』	金子、広島文理科大学に着任
一九三四	九	五九		『本願の内観』(第一・二講)	
一九三五	一〇	六〇	五月 還暦記念講演 七月 『開神』が創刊される	『親鸞の仏教史観』	一二月 第二次大本事件(治安維持法違反)
一九三六	一一	六一	一月 「宿業」を「本能」と言い表す		六月 大谷光暢「教学刷新の御教書」発示
一九三七	一二	六二	一〇月 「燃燈会」が結成され、聖典講座で講義を行う		四月 「同朋箴規」発表 七月 日中戦争勃発

一九三八	一三	六三		『伝承と己証』（論集第三巻）	四月　国家総動員法の公布
一九三九	一四	六四			四月　宗教団体法の公布
一九四〇	一五	六五	一〇月　「本能」を「感応道交」するものと感得	『行信の道――『教行信証』総序講読』	
一九四一	一六	六六	二月　「真宗教学懇談会」出席 七月　大谷派から侍董寮出仕に任じられる 大谷派から「講師」授与　八月一日親授式	『内観の法蔵』（論集第四巻）	四月　真宗大谷派宗制の施行 九月　関根仁応が大谷大学学長就任 一二月　日米開戦
			一一月　金子と共に大谷大学教授に就任		
一九四二	一七	六七	七月　大谷派安居本講で『歎異抄』を講じる		
一九四三	一八	六八			九月　関根仁応没 一〇月　学生の徴兵猶予の停止
一九四四	一九	六九	一一月　大谷大学内に大谷教学研究所が設置され、真宗教学部部長となる。	『真宗の要義』（金子との共著）	
一九四五	二〇	七〇			八月　日本の無条件降伏を表明

西暦	元号	満年齢	行実	主な論文・著作	社会・教団
一九四六	二一	七一			九月　真宗大谷派宗憲発布 一一月　日本国憲法公布
一九四七	二二	七二		『歎異抄聴記』	
一九四八	二三	七三	五月　『真人』が創刊される 七月　大谷派安居本講で『大無量寿経』を講じる	「この人を見よ」 「蓮如教学の根本問題」	
一九四九	二四	七四	三月　教職適格検査で不適合と判定、七月に大谷大学を免職		
一九五〇	二五	七五			六月　朝鮮戦争勃発
一九五一	二六	七六	九月　高倉会館にて喜寿記念講演会「象徴世界観」を行う 一〇月　教職不適格者解除者中に発表、名誉教授として復帰 一一月　宗務顧問に任じられる	『暴風駛雨』（論集別巻）	九月　教化研究所開所式
一九五二	二七	七七	六月　清沢満之五十回忌法要にて、清沢満之の分限の自覚を語る 七月　根室にて本願における分水嶺を感得 九月　「分水嶺の本願」を講演	『往還の対面』	
一九五四	二九	七九		『分水嶺の本願』	八月　暁烏敏没

一九五五	三〇	八〇	一一月　渡米（翌年一月帰国）		
一九五六	三一	八一	五月　侍董寮寮頭に就任	「真宗第二の再興」 「清沢満之先生」	四月　宗務総長宮谷法含「宗門各位に告ぐ（宗門白書）」を発表 一一月　伝道研修会始まる
一九五七	三二	八二			七月　教化研究所東京分室開所式
一九五八	三三	八三	三月　教行信証文類翻訳委員会委員を委嘱される 一一月　「無極院」の院号が授与される	『神を開く』	八月　教化研究所が教学研究所に発展的解消
一九六〇	三五	八五	七月　大谷派安居本講で『教行信証』「信巻」を講じる		
一九六一	三六	八六	四月　鈴木大拙・金子大榮との鼎談（司会・西谷啓治）御遠忌記念講演会で「信に死し願に生きよ」を講演 八月　大谷大学長に就任	「大学の父母――学長就任のことば」	四月　宗祖七百回御遠忌法要が厳修 六月　訓覇信雄が宗務総長となる
一九六二	三七	八七	一〇月　東京大谷会館にて米寿記念講演「法蔵菩薩」 一一月　『中道』が創刊される 一二月　量深の命名で『親鸞教学』創刊		七月　真宗同朋会条例が公布

西暦	元号	満年齢	行実	主な論文・著作	社会・教団
一九六五	四〇	九〇	一〇月　満九十歳頌寿記念講演「如来あっての信か、信あっての如来か」 一一月　勲三等瑞宝章を授与される		
一九六六	四一	九一		『我如来を信ずるが故に如来在す也』	七月　鈴木大拙没
一九六七	四二	九二	八月　大谷大学長を退任	「往生と成仏」	一一月　難波別院輪番差別事件
一九六八	四三	九三	七月　大谷派安居本講で「正信念仏偈」を講じる 八月　出生地の味方村から名誉村民の称号を贈られる	『曽我量深先生講話集』第一巻	
一九六九	四四	九四			四月　開申問題起こる
一九七〇	四五	九五	一〇月　『中道』に「宿縁と宿善」掲載、その中の差別言辞が指摘される 一〇月二六日　侍董寮寮頭辞任 一一月三日　宗務顧問解任 一一月二二日　この日の「浄土の真宗」が最後の講話となる	『曽我量深選集』第一回配本 「宿縁と宿善」 「異るを歎く」	二月　名畑応順内局が成立

一九七一	四六	九六	二月 発病 三月九日 床に臥す 三月二三日 京都第一日赤病院入院 五月二一日 退院、自宅療養 五月二七日 侍董寮出仕を罷免 六月二〇日一二時三六分 逝去 六月二三日 自宅にて葬儀	「純粋未来の象徴」	

あとがき

この『曽我量深　生涯と思想』は、二〇二一年に曽我量深師の没後五十年を迎えたことを契機として、既刊の『清沢満之　生涯と思想』（東本願寺出版、二〇〇四年）に連なる書として刊行したものです。

これに先立ち教学研究所では、『教化研究』第一六七号（二〇二一年）にて「曽我量深没後五十年」の特集を組み、曽我師が遺された教学の偉大な足跡・功績を尋ねるとともに、「異安心」問題や戦時教学の問題、『中道』誌差別事件等の真相に迫るべく、考究と対話を重ねてまいりました。

本書は、その研究成果を礎として、あらためて曽我師の生涯と思想を尋ね直し、思想的課題や時代状況との関わり、そして生涯を貫いた志願を探究したものです。現代を生きる多くの方々に本書をお読みいただき、師と出会い直す機縁が開かれることを願ってやみません。

本書の作成にあたっては、教学研究所の武田未来雄所員、名和達宣所員、藤原智研究員、木全琢麿助手（いずれも二〇二四年十二月時点）が編集にあたり、本文のベースとなる草稿の執筆ならびに写真資料の撮影等に関しては、大部分を藤原研究員が担当いたしました。

末筆ながら、貴重な資料をご提供いただいた新潟県の円徳寺、浄恩寺、曽我・平澤記念館の皆様、ならびに願正寺、西方寺、大谷大学、その他ご協力下さった方々に衷心より御礼申しあげます。

教学研究所

曽我量深《そがりょうじん》 生涯《しょうがい》と思想《しそう》

2025（令和７）年２月28日　第１刷発行

発行者　木越　渉
編集　真宗大谷派教学研究所
発行所　東本願寺出版（真宗大谷派宗務所出版部）
〒600-8505 京都市下京区烏丸通七条上る
TEL 075-371-9189（販売）
075-371-5099（編集）
FAX 075-371-9211
デザイン　浜口彰子（カバー・帯・表紙）
印刷・製本　中村印刷株式会社

978-4-8341-0697-8 C0015